한국 교회
7가지 죄

한국 교회 7가지 죄

지은이 | 한기채
초판 발행 | 2021. 8. 11
2쇄 발행 | 2022. 10. 11
등록번호 | 제1988-000080호
등록된 곳 | 서울특별시 용산구 서빙고로 65길 38
발행처 | 사단법인 두란노서원
영업부 | 2078-3352 FAX | 080-749-3705
출판부 | 2078-3331

책값은 뒤표지에 있습니다.
ISBN 978-89-531-4050-9 03230

독자의 의견을 기다립니다.
tpress@duranno.com www.duranno.com

두란노서원은 바울 사도가 3차 전도여행 때 에베소에서 성령 받은 제자들을 따로 세워 하나님의 말씀으로 양육하던 장소입니다. 사도행전 19장 8-20절의 정신에 따라 첫째 목회자를 돕는 사역과 평신도를 훈련시키는 사역, 둘째 세계선교(TIM)와 문서선교(단행본·잡지) 사역, 셋째 예수문화 및 경배와 찬양 사역, 그리고 가정·상담 사역 등을 감당하고 있습니다. 1980년 12월 22일에 창립된 두란노서원은 주님 오실 때까지 이 사역들을 계속할 것입니다.

내가 먼저 회개 해야 할

한국 교회
7가지 죄

한기채 지음

목차

추천사 6

프롤로그 나부터 회개합니다 14

우리의 죄와 실수를 깨달았을 때 회개와 돌이킴이 있어야 하는 것은 그리스도인들이 마땅히 가져야 할 태도와 자세입니다. 그러나 오늘날 한국 교회가 영적인 동력을 잃어버린 것은 우리 자신을 성찰하고 돌아보는 회개와 돌이킴이 사라졌기 때문입니다. 저자는 한국 교회 안에 만연되어 있는 7가지 죄를 꼬집으면서 우리의 어긋나고 일그러진 모습을 하나님의 거룩하심 앞에서 회개하고 다시 고쳐 나간다면 소망이 있다고 이야기합니다. 《한국 교회 7가지 죄》를 통해 한국 교회와 우리가 하나님이 기뻐하시는 모습으로 변화하고 성장하는 일에 큰 도움이 될 것이라고 확신합니다.

고명진 수원중앙침례교회 담임 목사

"위기의 한국 교회가 가야 할 방향은 어디인가?" 본서에는 이 질문에 대한 저자의 고뇌에 찬 대답이 들어 있습니다. 저자가 한국 교회의 7가지 죄를 드러내면서 한국 교회를 이끌고자 하는 방향은 '윤리 목회'로의 전향입니다. 한국 교회 회복의 길이 '도덕성' 회복에 있다는 말인 동시에 '존재론'적 변화가 요구된다는 뜻일 것입니다.

윤리와 영성, 양심과 성결의 뿌리는 다르지 않습니다. 한 목사님이 회개의 선행을 구하며 "코로나19 극복과 나라를 위한 100일 정오 기도회"를 시행한 것도, "한국성결교회연합회 목회자 윤리 강령"을 제정한 것도 같은 연유가 아닐까 짐작해 봅니다. "목회란 '무슨 일을 하느냐'가 아니라 '어떤 사람이 되느냐'의 문제입니다"라는 저자의 외침은 독자들의 마음을 흔들어 놓기에 충분합니다. 때문에 본서는 단순히 한국 교회의 죄를 지적하는 책이 아닙니다. 돌이켜 다시 새로운 첫발을 내딛자는 저자의 초청이며, 희망의 메시지입니다. 우리의 무너짐 뒤에 더 굳건한 토대가 세워질 것이라는, 그 여정에 그리스도가 우리를 초대하실 것이라는 거룩한 상상을 가능케 하기 때문입니다. 부디 이 책이 한국 교회를 새롭게 하는 데 귀하게 쓰임 받기를 바랍니다.

김경진 소망교회 담임 목사

코로나19가 한국 교회의 맨 얼굴을 드러낸 것은 참 아프고 부끄러운 일이었습니다. 그러나 그것이 한국 교회를 향한 하나님의 깊은 뜻임을 깨닫습니다. 이런 때에 한기채 목사님을 통해 교회를 돌아볼 수 있는 귀한 책이 나오게 된 것을 하나님께 감사드립니다. 책에서 다루고 있는 7가지 죄는 변명할 여지도 없이 우리의 마음을 찌르고 들어옵니다. 특히 책의 마지막 부분에 담긴 통찰들이 목회자로서 참 의미 있게 느껴집니다. 목사님의 말씀대로 회개는 철저한 반성과 구체적인 돌이킴이 있어야 합니다. 나부터, 우리 교회부터 성령님을 의지하여 작은 변화의 걸음을 내딛는다면 하나님이 분명히 도우실 것입니다. 이 책을 통해 곳곳에서 하나님이 기뻐하시는 교회로 바로 서는 회개의 열매와 회복의 은혜가 있기를 소망합니다.

김병삼 만나교회 담임 목사

이 책은 그리스도의 은혜를 고백하면서도 영적 예봉이 무뎌진 작금의 한국 교회의 민낯을 직면하게 합니다. 뿐만 아니라 그리스도인 개인에게도 영적 쇄신을 단행할 성결의 결단을 촉구하고 있습니다. 책에서 언급한 오늘날 한국 교회가 저지르는 7가지 죄, 즉 영적 남용, 공(公)의 사유화, 신앙생활의 사사화, 친목 과다 신드롬, 공로자 신드롬, 송사 신드롬, 무례한 기독교 등은 곧 교회로 살아가는 우리 자신의 문제이기도 합니다. 저자는 이러한 문제들을 비판 의식으로 나무라지 않고 성경의 관점에서 들여다보며 진정한 복음과 주님의 몸 된 공동체인 교회의 바른 모습을 이해시킵니다. 또한 하나님이 기뻐하시는 회개를 통해 주님과 연합하며 동행하기를 사랑으로 권면합니다. 바라기는 이 책을 통해 한국 교회와 성도들이 하나님의 형상과 그리스도 안에서의 순전한 기쁨을 온전히 회복하기를 소망합니다.

김은호 오륜교회 담임 목사

한국 교회의 위기에 대해 말하는 귀한 목소리들이 많지만, 이 책은 우리가 반드시 읽어야 합니다. 한기채 목사님은 교회를 둘러싼 환경이나 교회가 적응해야 할 시대의 변화에 대해 말씀하지 않으시고 교회들이 저지르고 있는 깊은 죄들을 지적하십니다. 깊이 있는 신학적 통찰력으로 교회의 열심과 자랑 속에 뿌리내린 잘못들을 끄집어내셨습니다. 목사의 리더십과 교인 개인의 신앙과 교회 전반의 활동이 하나님의 사랑의 통로가 되어 다른 이들을 살리기보다는 자기 배를 불리는 수단이 되어 버려 결국에는 세상을 잃어버리고 하나님께도 버림받는 아픈 현실을 잘 보여 주셨습니다. 쉽게 읽히지만, 끊임없이 생각하게 만드는 귀한 책입니다. 목회 윤리가 강조된 책의 에필로그 부분도 탁월합니다. 코로나19로 인해 많은 것이 멈춰서 불편한 상황이지만, 이 책을 통해 진정으로 멈춰 서서 하나님 앞에서 우리 자신을 돌아볼 수 있게 되기를 바랍니다.

신민규 상암동교회 담임 목사, 한국성결교회연합회 대표회장

코로나19 팬데믹이 세계를 바꾸어 놓고 있습니다. 그 여파가 한국 교회에 불어닥치면서 그동안 교회가 한 번도 경험해 보지 못한 상황을 경험하고 있습니다. 항간에 회자되는 말 중에 "코로나19 이전의 세상은 다시 오지 않는다"는 말은 우리가 겪는 이 변화들이 잠깐 지나가는 것이 아니라, 이후의 삶에도 계속 영향을 미친다는 뜻을 내포하고 있어 우리를 숙연하게 만듭니다. 그러나 한편으로 한국 교회는 뉴노멀 시대의 도래를 예측하며 교회로 하여금 좀 더 본질에 집중할 것을 요구받고 있습니다.

어쩌면 하나님이 코로나19라는 극단적인 수단을 통해 자정 능력을 잃어버린 한국 교회를 손보기 시작하신 것이라는 이야기가 허투루 넘겨서는 아니 될 예언적 메시지가 되고 있는 때에, 평소 존경하는 한기채 목사님을 통해서 이 시대에 경종을 울리는 글이 시기적절한 때에 나오게 된 것을 무척 다행스럽게 생각합니다. 저자는 한국 교회가 가지고 있는 잘못된 폐단들을 7가지로 나누어 지적하심으로

회개의 길을 제시해 주셨습니다. 모쪼록 이 책이 독자들과 교회 공동체로 하여금 새로운 삶을 여는 영적 각성의 불쏘시개가 되리라 믿어 의심치 않으며 기쁜 마음으로 추천합니다.

이상문 두란노교회 담임 목사, 예수교대한성결교회 총회장

한기채 목사님이 이 시대에 꼭 필요한 책을 쓰셨습니다. 성도 개개인이 회개해야 할 죄에 대한 교훈도 필요하지만 한국 교회가 공동체적으로 함께 회개해야 할 죄에 대한 교훈도 필요한 시대입니다. 한국 교회가 역사가 흘러가면서 초기 부흥 시대에 일어났던 회개의 영성을 잃어 가고 있는 시대이기 때문입니다.

이 책에서 지적된 7가지 죄는 한국 교회에서 보편적으로 일어나는 공통적인 죄입니다. 공공연한 이야기들이지만 회개의 제목으로 가지고 나가지는 못하고 있었던 죄들입니다. 기독교대한성결교회의 총회장을 역임하시며 또한 여러 가지 사역으로 교계 전체를 바라보며 섬기며 깨닫게 되신 회개의 제목을 이 책을 통해 잘 지적해 주셨습니다. 한국 교회 목회자들이 윤리적 타락을 회개하고 앞서 거룩과 성결한 삶을 추구한다면 모든 성도가 이 성결운동에 참여하게 될 것입니다. 한국 교회의 모든 지도자와 성도가 반드시 정독해야 할 책으로 추천합니다.

이재훈 온누리교회 담임 목사

하나님의 은혜로 한국 교회는 급성장했습니다. 하지만 그 이면에는 부끄러운 부분도 많이 있음을 고백하지 않을 수 없습니다. 이런 한국 교회를 위해 많은 고뇌와 기도로 살아오신 한기채 목사님이《한국 교회 7가지 죄》라는 책을 출간하셨습니다. 회개는 구체적이어야 열 매 맺게 됨을 알기에 이 책은 성경과 역사적인 관점에서 한국 교회의 7가지 죄를 가감 없이 이야기하고 있습니다.

그러나 이 책은 한국 교회의 죄를 드러내려는 의도로 만들어진 책이 아닙니다. 모든 교회가 하나님이 기뻐하시는 교회로 돌아가야 한다는 절박한 심정을 담아 세상에 내어놓은 책입니다. 이 책을 통하여 한국 교회가 자신의 모습을 정직하게 들여다보고 회개하는 출발점이 되어 하나님이 기뻐하시는 교회의 모습을 찾을 수 있으리라 기대합니다. 코로나19 시대를 살아가는 오늘날 한국 교회에 주는 메시지로 받아 우리 모두 회개의 무릎을 꿇게 되기를 간절히 기도하며 소망합니다.

임석순 한국중앙교회 담임 목사

독일 루터교회 선교사로 한국에 나와 지난 30년간 한국 교회를 섬기며 루터대학교에서 가르친 이말테(Malte Rhinow) 목사가《서울에서 만난 루터》(신앙과지성사, 2017)라는 책에서 "16세기 서구 교회와 오늘의 한국의 개신교회가 공통점이 많다는 것은 놀라운 일입니다. … 개신교회가 어떻게 그 당시 천주교회와 유사점을 갖게 되었는지 납득할 수 없습니다"라고 한국 교회의 타락과 변질에 대해서 지적했습니다. 그러면서 그는 한국의 개신교회는 제2의 종교개혁이 필요하다고 했습니다.

이번에 한기채 목사님이 우리 안에 개혁이 필요한 가장 대표적인 7가지 죄에 대해서 읍참마속(泣斬馬謖)의 심정으로 정리하셨습니다. 이 책의 내용은 한국의 개신교회에 속한 모든 목회자와 성도가 우리 신앙의 현주소를 돌아보고 회개하여 거듭나도록 돕고 있습니다. 이 책이 오늘 한국의 개신교회가 하나님이 진정 기뻐하시는 교회로 거듭나게 되는 데 귀한 도구로 사용되기를 바라고, 그 간절한 마음으로 모든 성도에게 일독을 권합니다.

주승중 주안장로교회 위임 목사

기독교 역사에는 영욕(榮辱)이 섞여 있습니다. 오직 하나님의 말씀에 순종하며 하나님께 영광을 돌리며 살았을 때 교회는 영광스러웠습니다. 반면 교회가 스스로 하나님인 양 교만해질 때 교회는 세상에서 욕을 먹고 하나님의 영광스러운 이름을 욕되게 했습니다. 교회가 약해지고 병들고 타락할 때 갱신 운동이 일어났습니다. 갱신의 방법에서 기본은 잘못된 것을 정확하게 짚어 내어 알리는 것입니다. 윤리학자이자 목회자요 한국 교계의 지도자인 한기채 목사님이 오늘날 한국 교회가 돌이켜야 할 7가지 죄를 짚었습니다. 이 책을 통해 먼저 나 자신과 한국 교회를 성찰하는 기회를 얻게 되기를 바랍니다. 하나님이 이 책을 사용하셔서 한국 교회를 새롭게 하시기를 기도합니다.

지형은 성락성결교회 담임 목사, 기독교대한성결교회 총회장한 목사님의 본 저서는 우리 한국 교회를 위한 간절한 외침이고 또한 우리 모든 그리스도인에 대한 회개로의 부름입니다. 한 목사님은 오랫동안 한국 교회를 사랑하고 한국 교회를 위해 헌신해 온 분입니다. 한국 교회를 사랑하는 마음으로 저자는 이 책에서 한국 교회를 둘러싼 여러 문제의 원인이 되는 7가지 현상을 살피고 있습니다.

이러한 7가지 현상을 하나하나 검토해 나가는 목적은 단순히 한국 교회, 목회자와 성도들의 치부를 드러내고 비판하는 것이 아니라, 회개와 함께 우리 한국 교회의 부흥을 다시 되찾기 위함입니다. 우리의 내밀한 의식 속에서 다시 하나님의 말씀으로 새로워질 때 무엇을 회복해야 하는지를 가르쳐 주고 있습니다. 목회자나 성도 개인의 신앙을 점검하는 차원에서도 도움이 될 것이고, 무엇보다 공동체 차원에서 읽는다면 이 시대를 향한 하나님의 간곡한 음성을 들을 수 있을 것입니다. 우리 모든 경건한 그리스도인에게 필독을 권합니다.

황덕형 서울신학대학교 총장

나부터 회개합니다

'7죄악' 혹은 '7대 죄악'으로 불리는 '칠죄종'(七罪宗)은 7가지 죄의
씨앗으로서, 교황 그레고리오 1세(Pope Gregory I)가 6세기에 규정
한 것으로 알려져 있으며 한국 천주교에서도 사용되고 있는 명
칭입니다. 칠죄종은 교만, 인색, 질투, 분노, 음욕, 탐욕, 나태,
총 7가지의 죄로, 이 자체도 죄이지만 이 7가지 죄로 인해 실제
적인 죄의 행위가 발생한다는 점에서 모든 죄의 근원, 원인이
됩니다.

이 책을 집필하면서 한국 교회 안에 이처럼 죄의 근원이 되
는 7가지 현상이 있다는 생각을 하게 되었고, 그래서 "한국 교회
7가지 죄"라는 제목을 붙이게 되었습니다. 이 책에서 다루는 오
늘날 한국 교회의 7가지 문제점들은 그 자체로도 좋지 못한 죄
이지만, 현재 교회를 둘러싼 여러 문제와 악행의 원인이 된다는
점에서 반드시 제거되어야 하는 죄입니다.

이 책이 이야기하는 한국 교회의 7대 죄는 우리가 모르는 낯
선 죄들이 아닙니다. 오히려 오늘날 목회자와 신자들이 너무도
잘 알고 일상적으로 경험하는 일들일 수 있습니다. 그렇기에 이
죄들을 인지하고 지적하는 것으로는 충분하지 않습니다. 우리
의 죄와 실수를 깨달았다면 반드시 회개와 돌이킴이 뒤따라야

합니다. 먼저 나부터 회개해야 합니다.

이 땅의 교회는 완전할 수 없고, 우리도 예수 그리스도의 은혜로 의롭다 하심을 얻었지만 완전한 존재는 아닙니다. 그래서 신자도, 교회도 죄를 범할 수 있다는 사실을 인정해야 합니다. 이를 부정하면 15세기에 그 정점을 찍은 가톨릭교회의 타락과 부패에 이를 수 있습니다. 죄를 짓는 것보다 더 큰 문제는 죄를 알고도 회개하지 않는 것입니다.

1903년 원산부흥운동, 1909년 백만인구령운동과 함께 한국 기독교가 크게 부흥하는 계기가 되었다고 평가받는 1907년의 평양대부흥운동도 사실 '부흥운동'이라는 이름보다는 '회개운동'이라는 이름이 어울리는 영적 각성 운동이었습니다.

1907년 1월 14일 평양의 장대현교회 집회에서 길선주 목사 (당시 장로)는 1,000명이 넘는 신자들 앞에서, 친구가 맡긴 재산 중 일부를 사취한 죄를 고백하며 눈물로 회개했습니다. 이러한 길선주 목사의 회개는 집회에 함께한 선교사들과 신자들을 감동시켰으며, 그 결과 새벽 2시가 넘도록 선교사들과 신자들의 회개로 이어졌습니다. 이러한 회개와 돌이킴이 평양대부흥운동의 시발점이 되었습니다. 선교사들과 당시 교회 지도자들의 회개가 한국 교회사에 놀라운 성령의 역사를 불러일으킨 것입니다.

또한 죄의 회개는 구체적인 문제의 해결인 회개의 열매로 이어져야 합니다. 하나님 앞에 회개한 것만으로는 부족합니다. 우리의 죄로 망가진 것이 있다면 복구해야 하고, 타인에게 손해를 입혔다면 배상해야 합니다.

19세기 미국의 성결운동은 영적이고 신비한 체험들로부터 시작되었습니다. 이러한 영적 체험들은 개인적이며 주관적인 것이었습니다. 그러나 성결의 은혜를 입은 성도들은 개인적이고 주관적인 영적 체험 안에 머물러 있지 않았습니다. 그들은 성결의 능력으로 사회의 죄와 문제를 해결하고자 노력했습니다.

실제로 19세기 미국의 성결운동은 노예 제도 폐지에 앞장섰으며, 여성 지도자들을 많이 배출해 (현대적 개념의 여권 운동과는 다르다 해도) 여성 인권 증진에 기여했습니다. 더 나아가 가난한 사람들의 삶에 관심을 기울여 도시 빈민 구제를 그들의 사역 안에 포함시키는 등 그리스도인의 사명을 온전히 감당했습니다.

《한국 교회 7가지 죄》는 단순히 한국 교회, 목회자, 신자들의 치부를 드러내고 그러한 죄를 비판하는 것을 목적으로 하는 책이 아닙니다. 우리의 어긋나고 일그러진 모습을 하나님의 거룩하심 앞에서 회개하고 다시 고쳐 나가는 것이 이 책이 바라는 바입니다.

하나님의 사랑과 예수 그리스도의 은혜로 구원받은 우리에게는 주님이 피로 사신 교회를 아름답게 지켜야 할 사명이 있습니다. 동시에 먼저 부름 받은 주님의 제자로서 이 세상의 소금과 빛의 역할을 감당하며 아직 구원받지 못한 이들을 주님 앞으로 인도해야 할 사명도 가지고 있습니다.

이러한 사명들을 온전히 감당하기 위해서는 우리 먼저 자신을 갱신해야 합니다. 《한국 교회 7가지 죄》가 오늘날 한국 교회를 하나님이 기뻐하시는 모습으로 변화, 성장시키는 일에 조금이라도 도움이 될 수 있다면 좋겠습니다.

2020년 5월 코로나19의 터널 안에서 시작된 기독교대한성결교회 총회장 사역을 코로나19 터널을 아직도 빠져나오지 못한 2021년 5월에 마치게 되었습니다. 코로나19 상황 속에서 우리가 할 수 있는 일은 회개라고 생각했습니다. 그래서 교단적으로 "코로나19 극복과 나라를 위한 100일 정오 기도회"가 2020년 9월 21일부터 12월 29일까지 유튜브를 통해 전 세계 성결인들이 참여한 가운데 진행되었습니다.

주제 말씀은 "내 이름으로 일컫는 내 백성이 그들의 악한 길에서 떠나 스스로 낮추고 기도하여 내 얼굴을 찾으면 내가 하늘에서 듣고 그들의 죄를 사하고 그들의 땅을 고칠지라"(대하 7:14)였습니다. "회개만이 살길입니다", "기도만이 살길입니다"라고 외치며 "나부터 성결, 우리부터 평화"라는 운동을 벌였습니다.

먼저 성결해야 평화가 따라옵니다. 성결이 없는 평화는 거짓 평화입니다. 성결하기 위해서는 신자의 회개가 있어야 합니다. 이때 회개하지 않으면 언제 회개하겠습니까. 이 땅에 회개운동, 기도운동, 성결운동이 일어나기를 바랍니다. 이 일에 불쏘시개 역할을 감당하는 책이 될 수 있다면 더 바랄 것이 없겠습니다.

지난 1년 동안 한국성결교회연합회(기성, 예성, 나성) 대표회장 역할을 수행하면서 사회책임위원회를 발족했습니다. 그리고 제일 처음 과제로 "한국성결교회연합회 목회자 윤리 강령"을 제정했습니다. 에필로그와 부록에 "이제는 윤리목회입니다"라는 글과 "한국성결교회연합회 목회자 윤리 강령"을 첨부했습니다. 영성은 윤리 이상이어야 하지만, 윤리에도 못 미치는 현실이 안타깝습니다. 성령으로 목회를 해야 하지만, 양심에도 못 미치는 일들이 벌어지는 상황이 부끄러웠습니다.

　이 책의 말씀 자료를 모으고 원고를 정리하는 일에 함께해 준 동역자 김재명, 김찬홍, 조문섭 목사님께 감사드립니다. 이 책을 추천해 주신 한국성결교회연합회 총회장단을 비롯한 한국 교회 갱신을 위해 동역하는 목사님들께도 감사드립니다. 출판하기 어려운 내용을 출간하기로 결단해 주신 두란노서원에도 감사드립니다. 이 책이 바른 목회와 신앙생활, 그리고 건강한 교회로 가는 밑거름이 되었으면 좋겠습니다. 오직 하나님께 영광을!(Sola Deo Gloria!)

중앙성결교회 목사 서재에서

한기채

마태복음 18:6-7
6 누구든지 나를 믿는 이 작은 자 중 하나를 실족하게 하면
차라리 연자 맷돌이 그 목에 달려서 깊은 바다에 빠뜨려지는 것이 나으니라
7 실족하게 하는 일들이 있음으로 말미암아 세상에 화가 있도다
실족하게 하는 일이 없을 수는 없으나
실족하게 하는 그 사람에게는 화가 있도다

1장

영적
남용

세상에는 완벽한 교회도 없지만, 불완전한 교회도 없습니다. 사람의 모임이기에 완벽할 수 없으며, 주님의 몸이기에 불완전하지 않습니다. 저는 교회가 나의 어머니 같다고 생각합니다. 어렸을 때는 완전한 것 같았는데 나이가 들면서 어머니의 허물도 보이더군요. 그래도 어머니를 떠나지 못하고 사랑하는 것처럼, 교회를 사랑합니다.

문제는 교회나 목회자에게 상처받는 신자들의 수가 적지 않다는 것입니다. 마치 사랑받아야 할 자녀들이 부모에게 학대받고 유기되는 상황을 보는 것 같습니다.

이는 사랑에 대한 배신입니다. 하나님께 대한 배신이고, 신자들에 대한 배신입니다. 배신의 죄가 가장 나쁜 까닭은 믿는 자의 믿음을 이용하기 때문입니다. 신자들은 목회자와 교회를 믿고 헌신했고, 주님은 목회자와 리더들에게 양 떼를 사랑으로 섬기기를 바라며 믿고 맡기셨는데, 이러한 믿음을 배신한 것입니다. 이것은 영적 학대입니다. 부모처럼, 친구처럼, 목자처럼 위장하고 다가와서 신자를 조종하고 착취합니다.

산상수훈에서 예수님은 제자들에게 경고하셨습니다. "거짓 선지자들을 삼가라 양의 옷을 입고 너희에게 나아오나 속에는 노략질하는 이리라"(마 7:15). 오늘날에도 안타깝지만 이리 같은 교회, 이리 같은 목회자가 있습니다. 이 문제의 근원에는 '영적 남용'이 있습니다. 과거 이단의 특징이었던 영적 남용을 오늘날 정통 한국 교회에서도 쉽게 찾아볼 수 있습니다.

'남용'의 의미

표준국어대사전에 따르면, '남용'(濫用)은 '일정한 기준이나 한도를 넘어서 함부로 씀' 혹은 '권리나 권한 따위를 본래의 목적이나 범위를 벗어나 함부로 행사함'을 의미합니다. '남'(濫)은 물이 흘러넘친다는 뜻으로, 권한이나 권위를 '잘못' 혹은 '지나치게' 사용하는 것이 남용입니다. 우리가 소유하고 있는 모든 힘, 즉 신체적, 성적, 정치적, 영적 힘은 남용될 위험이 있습니다.

남용의 영어 단어 'abuse'는 'ab' + 'use'로 구성되어 '잘못 사용함'이라는 의미입니다. 그러므로 힘을 가진 자는 그에 걸맞은 높은 도덕성을 갖추어야 합니다. 세상에서 물리적 폭력 및 공권력 남용, 성적 남용도 문제지만, 영력(靈力)을 남용하는 경우 그 폐해가 더 막대합니다.

큰 힘에는 그만큼 큰 위험이 뒤따릅니다. 고압 전력은 도시와 산업 시설을 가동하지만, 동시에 파괴적인 힘을 가지고 있습니다. 원자력은 막대한 에너지를 내지만, 사고가 나면 인간이 감당할 수 없는 초대형 재난이 됩니다. 그래서 강력하지만 위험한 것 근처에는 항상 "경고", "위험"이라는 팻말이 붙어 있습니다. 이런 힘은 숙련된 전문가가 조심해서 취급해야 합니다.

목회자는 영력을 가진 자입니다. 영력이란 성령의 은사를 의미하기도 하지만 주님께 부여받은 직분의 영광을 말하기도 합니다. 하나님은 목회자들에게 여러 가지 권한을 주셨습니다. 말씀을 가르치고 선포할 수 있는 권한, 성례를 집례할 수 있는 권한, 교회를 치리하는 권한 같은 것들입니다. 목회자는 하나님이 주신 권한을 주님의 뜻에 맞게 활용해서 양들을 목양하고 염소들의 준동을 제어하여 건강한 교회를 만들어야 합니다.

그러나 그릇에 물이 넘치듯 그 한계를 넘어가는 경우가 있습니다. '용서받은 죄인'인 목회자들의 육체 안에는 여전히 죄의 부패한 속성이 남아 있어서, 깨어 있지 않으면 부지불식간에 하나님이 주신 권한을 남용할 위험이 있습니다. 이것이 영적 남용입니다.

영적 남용은 목회자만의 문제는 아닙니다. 교회의 다양한 평신도 리더들도 영적 남용의 함정에 빠질 수 있음을 기억해야 합니다. 교회를 벗어나 가정에서도 부모와 자식, 부부 사이에 영적 남용이 있을 수 있으며, 사회에서의 인간관계에서도 영적 남용을 발견할 수 있습니다.

영력이 권력으로

영적 남용은 영적 권위를 가진 지도자가 그 권위를 이용하여 신자를 강압하고 조종하고 착취할 때 발생합니다. 이것은 육체적, 정신적 피해를 넘어 영혼에 씻을 수 없는 상처를 남깁니다.

이단과 사이비는 물론이지만, 정통 교단 안에서도 영력을 남용하는 교회와 목회자를 종종 봅니다. 그들에게는 영력이 권력이 되었습니다. 하나님을 잘 믿으려는 신자들에게는 영력이 권력이나 재력보다 더 큰 영향을 미칩니다. 목회자의 말 한마디, 행동 하나가 신자들에게 큰 영향을 미치기 때문에 목회자는 더 높은 도덕성과 거룩함을 지녀야 하고, 자신이 하는 말과 행동이 신자들에게 미치는 영향을 심각하게 고려해야 합니다.

하나님은 제3계명에서 "너는 네 하나님 여호와의 이름을 망령되게 부르지 말라"고 하셨는데, '망령되게' 부르는 것이 바로 하나님의 이름을 잘못 사용하는 것입니다. 하나님의 이름에는 무소불위의 힘이 있습니다. 하나님의 이름을 자신의 목적이나 뜻을 합리화하기 위해 사용하는 것은 영적 남용입니다. 이것은 제도화된 종교에서 흔히 발견되는 비행이자 하나님의 이름을 사칭하는 종교 사기입니다.

하나님의 이름은 경우에 합당하게 불러야 합니다. 그것이 아니라면 차라리 하나님의 이름이 아닌 자신의 이름으로 말해야 합니다.

영적 남용은 구체적으로 1) 재정적 착취(과도한 육체적 헌신과 잦은 모임, 물질과 시간과 노동 갈취), 2) 비밀주의, 3) 사회적 고립, 4) 위협하는 말, 5) 개인생활 통제(결혼생활, 가정생활, 직장생활 조종), 6) 공중 비판으로 수치심 유발, 7) 죄책감과 두려움으로 심리적 학대, 8) 육체적 학대, 9) 성적 학대 등으로 나타납니다.

여러 종류의 영적 남용

1. 권위주의

영적 남용의 몇 가지 주요 요인 중 첫 번째는 권위주의입니다. '권위'와 '권위주의'는 구별되어야 합니다. 공동체의 질서를 유지하기 위해서는 건강하고 유연한 권위가 필요합니다. 그러나 권위주의는 "나는 '하나님의 사자'이기 때문에 무조건 내 말에 순종해야 하며, 내 말과 내 뜻이 곧 하나님의 뜻이다"라고 신자들을 세뇌합니다. 목회자 자신을 특별한 존재로 만들고, 자기 뜻을 따르지 않으면 하나님께 반역하는 것처럼 신자들을 억압합니다. '영적 협박'으로 '신자 길들이기'를 시도합니다.

하지만 하나님 앞에서는 목회자도 용서받아야 할 죄인일 뿐입니다. 목회자도 하나님 앞에서 자기 자신의 모습을 부단히 성찰해야 합니다. 목회자 자신이 먼저 하나님의 권위에 순종하고 있는지 살펴야 합니다. 영적 권위를 잘못 사용하여 신자들에게 복종을 강요하거나 하나님의 말씀을 자의적으로 해석하는 것은 큰 잘못입니다.

블레즈 파스칼(Blaise Pascal)은 "인간이 종교적으로 확신할 때만큼 완벽하고 즐겁게 악을 행하는 경우는 없다"라고 말했습니다. 권위주의는 영적인 독재입니다. 마지막 날에 목자장 되신 분 앞에서 목회 결산을 해야 한다는 사실을 잊지 말아야 합니다.

2. 율법주의

두 번째는 율법주의입니다. 구약 시대의 율법주의처럼, 온전한 구원과 축복을 빌미로 목회자나 교회가 신자들에게 부과하는 규정들을 의미합니다. 여러 가지 법을 만들어 신자들을 죄책감과 의무감에 빠지게 하고 정죄하고 통제하려는 것으로, 구약의 율법주의와 대비하여 '신율법주의'라 할 수 있습니다.

이는 보통 '십자가 첨가물 증후군'(cross plus syndrome)이라고 부르는데, '오직 예수 그리스도에 대한 믿음'으로 시작했다가, 온전한 그리스도인이 되어야 한다는 명목 아래 여러 가지 임무와 훈련을 부가하고 강요합니다. 엄격한 생활양식을 강조하여 식사 및 의복 규정, 여가생활, 직업 선택, 데이트, 결혼, 임신과 출산, 가정생활까지 통제합니다.

스스로 세운 규칙 혹은 구약에서 가져온 일부의 규정인 이 규범은 하나님을 섬기는 수단이 아니라 목적이 됩니다. 주객전도(主客顚倒)요 본말전도(本末顚倒)인 것입니다. 규범을 신격화하여 "왜 이런 규정을 지켜야 하나?"라는 질문을 통제하고, 위반자에게는 경고와 징계를 남발합니다.

율법주의에 사로잡힌 목회자를 포함한 교회의 리더들은 신적 권위로 이런 규범을 강제함으로써 기쁜 신앙생활을 무거운 멍에로 전락시킬 수 있습니다. 아무리 선한 의도를 가졌다 하더라도, 사람의 생각과 교훈을 강요하면 하나님과 무관한 종교 행위가 될 수밖에 없습니다.

3. 영적 엘리트주의

세 번째는 영적 엘리트주의입니다. 이는 자기 자신과 자신의 공동체에 대한 특권 의식을 가지고 다른 사람들을 판단하는 것입니다. 자신들의 교회와 같은 공동체는 없고, 자신들만이 하나님의 특별한 목적을 위해 선택받았다고 가르칩니다. 이런 생각은 다른 교회에 대한 부정적 인식을 확산시킵니다.

영적 엘리트주의에 사로잡힌 목회자는 신자들에게 자신을 특별한 존재로 각인시킵니다. "하나님은 아무도 보지 못한 일을 나에게 보여 주셨다. 나는 하나님과 연합되어 있고, 나는 특별한 계시를 받았다"고 말합니다. 영적 엘리트주의는 자신이 특별하다는 의식을 전제하므로 다른 사람들과 자신을 구분하고 영적 권한을 남용합니다. 교회의 지도자는 '주장하는 자세가 아니라 양 무리의 본'이 되어야 하는데(벧전 5:3), 신자들 위에 군림하고 정죄합니다.

이런 집단과 목회자는 사회의 비웃음과 따돌림을 받게 되는데, 그들은 이런 현상을 성경에 기록된 '박해받음'으로 여겨 자위하며, 자기 잘못으로 생긴 고난을 의로운 고난으로 착각하는 '순교자 콤플렉스'를 가지고 있습니다.

4. 은사주의

네 번째는 은사주의입니다. 성령의 특별한 은사를 가장 큰 은혜로 생각하여 다른 은혜의 수단이나 소명을 무시하고 멸시할 때 발생합니다. 대개 큰 은사를 받은 이들에게서 발견되는 영적 남용의 모습입니다.

은사자는 사역을 통해 많은 영적 경험을 갖게 됩니다. 이런 영적 경험은 단편적이고 상황적일 때가 많음에도 자신의 주관적 경험과 깨달음을 쉽게 일반화하고 절대시하는 경우가 많습니다. 더 심해지면 명백히 성경에 반하는 내용, 성경에 없는 자신의 생각까지도 하나님의 말씀과 뜻으로 주장하기도 합니다. 은사자 중에 이단으로 추락한 사례가 많은 이유도 바로 여기에 있습니다.

영적인 세계는 현실 세계보다 더 광범위하고 복잡하다는 사실을 인식해야 합니다. 바닷가에서 물을 한 손바닥 뜨고서는 대

양을 다 안다고 주장하는 것과 같은 일반화의 오류에 빠져서는 안 됩니다. 영적 남용으로 인해서 큰 은사를 받은 영적 리더의 말년이 비극으로 끝나는 것은 슬픈 일입니다. 자기 스스로도 속는 자들이 많습니다. 그래서 영적 분별력은 매우 중요합니다. 은사자보다는 은사를 주시는 하나님께 주목해야 하고, 성령의 은사는 건강한 성령의 열매를 통해 나타나야 합니다.

어떤 교회 모임에서 은사 받은 사람이 한 기혼 여성의 과거를 투시하고 사람들 앞에서 그녀의 비밀을 폭로했습니다. 그 내용은 그녀가 결혼 전 다른 남자와 깊은 관계에 있었다는 것이었습니다. 결국 그녀의 가정은 파탄에 이르렀습니다. 설령 성령님이 사역자에게 그런 환상을 보여 주셨다 해도, 그것을 그대로 폭로하라는 의미는 아니었을 것입니다. 은사자는 영적 진실을 녹여 생명의 역사를 일구어야 합니다. 하지만 타인의 영적 비밀을 이용하여 자신의 영적 권위를 높이고자 부덕한 언행을 하고, 결과적으로 사역을 망치게 되는 것은 영적 남용일 뿐입니다.

어떤 은사자는 자신이 받은 영적 은사를 통해서 교회 담임 목회자를 깎아내리고 대적하기도 합니다. 성령의 은사를 가지고 교회를 어지럽히는 것입니다. 성령의 은사는 사랑으로 행하고, 교회의 덕을 세우고, 성도의 유익을 위해 사용해야 합니다. 아무리 좋은 은사도 절제가 필요합니다. 성령의 9가지 열매는 '사랑'으로 시작하여 '절제'로 끝납니다(갈 5:22-23). 사랑도 절제가 있어야 합니다.

축귀와 치유 은사가 남용되면 사람들이 겪는 재난, 불행, 질병의 주요 원인을 귀신과 악령으로 보게 됩니다. 그래서 재난을 극복하려면 악령을 쫓아내야 한다고 믿고, 축귀를 모든 문제의 해결책으로 봅니다.

모든 문제를 귀신에 의한 것으로 보고 축귀로 해결하려는 시도는 영적 균형을 상실한 것입니다. 질병이나 문제에 대한 부적절한 대처로 상황이 악화되고 문제가 심화될 위험이 있습니다. 의학적 치료를 거부하여 생명을 잃은 일도 있었습니다. 세상에는 귀신에 의한 질병도 있지만, 자연적 요인에 의해 생기는 질병이 훨씬 더 많습니다. 마가복음은 축귀만이 치유법이 아님을 가르쳐 줍니다. "제자들이 … 많은 귀신을 쫓아내며 많은 병자에게 기름을 발라 고치더라"(막 6:12-13).

5. 영적 가족 지상주의

다섯 번째는 생물학적인 가족보다 영적 가족이 중요하다고 가르치며, 영적 가족의 가치를 과장하는 것입니다.

예수님이 제자를 부르실 때 "아버지나 어머니를 나보다 더 사랑하는 자는 내게 합당하지 아니하고 아들이나 딸을 나보다 더 사랑하는 자도 내게 합당하지 아니하며"(마 10:37)라고 하셨고, "죽은 자들이 그들의 죽은 자들을 장사하게 하고 너는 나를 따르라"(마 8:22)라고 말씀하신 것은 사실입니다. 그러나 이 말씀을 곡해하고 극단적으로 강화하여 혈연적 가족의 유대를 단절시키고 자신들의 공동체에 대한 충성을 강요하는 것은 영적 남용입니다.

심지어 어떤 이들은 자신들이 '대리 부모'이자 '참 부모'라고 하면서 충성을 강요합니다. 혈육의 부모와 자식의 친밀한 관계를 육신에 집착하는 죄로 보면서 가족을 떠나도록 강요하고, 세상 일터를 떠나 집단으로 이주시켜 공동체 생활을 하게 하며, 무임금으로 노동을 시키고, 기존에 맺었던 사회적 교류를 단절시킵니다. 이런 현상은 주로 이단에서 발견되며 사회적 문제가 되기도 합니다. 한편, 정통 교회 안에서도 교회생활, 신앙생활을 극단적으로 강조하면 상대적으로 가정생활에 소홀해져서 가정의 행복이 위협을 받을 수 있습니다.

성경에 하나님이 맨 처음 선물로 주신 공동체가 가정임을 잊지 말아야 합니다. 가정은 천국의 모형으로, 작은 천국이 되어야 합니다.

연자 맷돌을 기억하라

《영적 학대》(생명의말씀사, 1997)의 저자 로널드 엔로스(Ronald Enroth)는 "이 세상에서 참된 그리스도인이 되는 데 가장 큰 장애물은 다름 아닌 다른 그리스도인이다"라고 했습니다. 참으로 슬픈 말입니다. 어쩌면 하나님의 사자라고 자칭하는 목회자나 교회의 직분자들, 영적 리더들이 신자들이 넘어지는 가장 큰 걸림

돌일 수도 있다는 의미입니다.

하나님은 천하보다 귀한 영혼이 파멸하는 것을 방관하지 않으십니다. "누구든지 나를 믿는 이 작은 자 중 하나를 실족하게 하면 차라리 연자 맷돌이 그 목에 달려서 깊은 바다에 빠뜨려지는 것이 나으니라 실족하게 하는 일들이 있음으로 말미암아 세상에 화가 있도다 실족하게 하는 일이 없을 수는 없으나 실족하게 하는 그 사람에게는 화가 있도다"(마 18:6-7).

여기 '작은 자'란 예수님을 믿는 자 중 어린아이나 힘이 없는 자 혹은 영적인 갓난아이, 즉 새 신자와 믿음이 연약한 이를 말합니다. 주님은 이 땅, 특별히 교회 안에 '실족하게 하는 일', '실족하게 하는 사람'이 있음을 알고 계시며, 이에 대한 심판을 천명하신 것입니다.

마태복음에는 '팔복'이라는 축복의 말씀도 있지만, "화가 있도다"라는 경고의 말씀도 기록되어 있습니다. 특별히 마태복음 23장에는 예수님이 서기관들과 바리새인들의 잘못된 가르침을 책망하시고 심판하시는 내용과 함께, 그들의 영적 권위 남용으로 인한 하나님의 백성의 희생을 가슴 아파하시는 예수님의 모습이 잘 나타나 있습니다. 악을 악으로, 욕을 욕으로 갚지 않으시는 온유하신 예수님이 서기관들과 바리새인들에 대해서는 "화 있을진저"라고 7회(13, 15, 16, 23, 25, 27, 29절)에 걸쳐 강도 높게 책망하셨습니다.

그들은 모세의 자리에 앉아서 말만 할 뿐 행동하지 않는 리더들이었습니다. 무거운 짐을 묶어 백성의 어깨에 두고 이것을 한 손가락으로도 움직이려 하지 않았습니다. 명예, 권력, 재물, 칭찬을 탐하는 외식적인 자들이며, 탐욕과 방탕에 회칠한 무덤 같은 자들이었습니다. 그들은 눈먼 인도자들로서, 자기들도 구덩이에 빠질 뿐 아니라 따르는 백성도 함께 빠지게 했습니다. 결국 그들은 화를 당할 것입니다. "뱀들아 독사의 새끼들아 너희가 어떻게 지옥의 판결을 피하겠느냐"(마 23:33).

영적 남용에 대한 처방들

1. 교회의 리더는 섬김을 주업으로 삼아야 한다

영적 남용을 억제할 수 있는 첫 번째 방법은 '교회의 리더는 섬김을 주업으로 삼아야 한다'는 점을 명심하는 것입니다.

예수님의 부활 사건 이전에, 제자들은 예수님과 동고동락하면서도 하늘나라의 질서를 알지 못했습니다. "누가 크냐"는 유치한 논쟁을 벌이기도 했습니다. 예수님이 십자가를 지기 위해 예루살렘으로 올라가시는 길에 세베대의 두 아들 야고보와 요한은 영광의 좌우편 자리를 탐했습니다. 이에 대해 예수님은 하나님 나라 질서는 세상의 질서와 다르다고 말씀하셨습니다. "이방인의 집권자들이 그들을 임의로 주관하고 그 고관들이 그들에게 권세를 부리는 줄을 너희가 알거니와 너희 중에는 그렇지 않아야 하나니 너희 중에 누구든지 크고자 하는 자는 너희를 섬기는 자가 되고 너희 중에 누구든지 으뜸이 되고자 하는 자는 너희의 종이 되어야 하리라"(마 20:25-27).

기독교 지도자는 군림하는 자가 아니라 섬기는 자입니다. 조종하는 자가 아니라 인도하는 자이며, 명령하는 자가 아니라 본보기를 보이는 자입니다. 목회자의 직분도 지위가 아니라 섬김의 자리입니다.

따라서 목회자와 교회 지도자들에게 주어진 힘의 질적 변화가 요청됩니다. '힘의 양'(quantity of power)에 대한 관심에서 '힘의 질'(quality of power)에 대한 관심으로 변화되어야 합니다. '다스리는 힘'에서 '섬기는 힘'으로 바뀌어야 합니다. 지도자(leader)는 사람들을 통제하고 약탈하는 지배자가 되어서는 안 됩니다. 이 땅에 섬김의 리더십(servant leadership)이 필요합니다.

안타깝게도 양들을 섬기라고 부름 받은 목회자들 중에도 사람을 목적이 아닌 수단으로 대하는 자들이 많습니다. 목회를 자기 출세의 수단으로 삼고, 신자를 조종하고 통제하여 자신의 목적을 이루려 합니다. 이런 목회자는 신자의 생활을 통제하기 위해서 성경을 이용하기도 합니다. 하나님의 사랑보다 교회와 자신의 권위를 더 강조하며 죄책감, 두려움, 수치심을 조장하고 징계하고 위협합니다. 자신의 공동체를 떠나면 하나님과 관계가 끊어진다는 영적 실패에 대한 두려움을 심어 줍니다. 영적 독재자는 복종을 강요하지만, 참된 영적 지도자는 자발적으로 따르게 한다는 것을 명심해야 합니다.

이와 관련해 목회자는 특별히 설교할 때 조심해야 합니다. 설교는 '하나님의 말씀'을 대언하는 것입니다. 하지만 때로는 자신의 발언이 모두 하나님의 말씀으로 인정받기를 원하며 회중의 "아멘" 화답을 강요하거나, 하나님의 말씀을 빙자하여 자신의 철학, 견해, 편견 등을 주입하는 일도 비일비재합니다. 말로 사람을 조종하려 하고, 언어폭력으로 인격을 모독하기도 합니다.

확신 있고 힘 있게 말씀을 선포하는 것도 중요하지만, 그 메시지가 진정 주님의 말씀인지 확인하는 노력이 반드시 전제되어야 합니다. 바울은 주님의 명령과 자신의 의견을 구분하여 말하기도 했습니다. "내가 의견을 말하노니"(고전 7:25). "내 생각에는"(고전 7:26). 그러므로 말씀을 전하는 자는 두렵고 떨림으로 강단에 서야 합니다. 하나님의 존전에 서서 말하고 있다는 사실을 잊지 말아야 합니다.

2. 영력이 권력이 되지 않도록 주의해야 한다

두 번째, 영력이 권력이 되지 않게 해야 합니다.

사무엘상 초반부는 사사 시대 말기 이스라엘의 영적 상황을 극명하게 보여 줍니다. 엘리와 두 아들이 제사장으로 있었지만 제 역할을 하지 못했습니다. 여호와의 말씀이 희귀하여 이상이 보이지 않던, 영적 흑암의 시대였습니다. 하지만 하나님의 사람들은 묵묵히 순종했고, 사람을 보지 않고 오직 하나님을 경외하면서 권세를 부리는 제사장의 비행을 참아 넘겼습니다.

한나와 그의 가족, 특별히 아들 사무엘은 제사장보다 나은 영성을 지닌 이들이었습니다. 평범한 여인 한나가 대제사장 엘리보다 영적으로 더 깨어 있었고, 견습으로 들어온 어린 사무엘이 대제사장 엘리보다 더 깨어 있었습니다.

엘리의 두 아들 제사장 홉니와 비느하스는 하나님께 드리는 제물을 가로채고 억지로 빼앗는 등 제사보다 제물에 더 관심이 많았고, 심지어 성막에서 섬기는 여인들을 욕보이기까지 했습니다. 이들의 영적 남용은 결국 그 대가를 치르게 됩니다. 자신들뿐 아니라 나라와 민족까지도 망하게 만들었습니다. 세상에서 제일 악한 것은 영적으로 악한 것입니다. 영혼까지 망하게 하고 인간의 마음과 영혼에 상처를 입히기 때문입니다.

영력을 권력으로 남용하는 자는 대개 양심에 화인을 맞은 자입니다. 자신의 권력 행사가 신의 뜻이며 정당하다는 확신을 갖고 있기에 두려움 없이 신적 권한을 남용하고 비행을 저지릅니다. 예수님이 말씀하신바 "주여 주여" 하는 자들, 자기들이 왜 천국에 들어가지 못하느냐고 하소연하고 억울해하던 사람들이 바로 그들입니다(마 7:21-22). 그들의 잘못된 확신이 교회 안에서, 교회를 통해 악을 낳게 됩니다. 그들은 자신들의 권력을 이용해 추종자들에게 '중독적 믿음'(toxic Faith)을 갖게 하고 하나님이 아닌 자신들을 따르게 합니다.

영적 남용에는 공소시효가 없다

하나님은 영적 남용을 통해 저지른 범죄에 대해 반드시, 그리고 끝까지 책임을 추궁하실 것입니다. 사람들은 '하나님의 사람'으로서 권위를 가진 사역자와 리더에게 존경과 신뢰의 마음을 갖게 되고, 점차 정서적인 친밀감을 느끼게 됩니다. 영적 남용을 하는 자들은 이런 친밀감을 육체적인 관계로 타락시킵니다. 소위 '그루밍 성폭력'입니다.

사전적으로 '그루밍 성폭력'은 '가해자가 피해자에게 호감을 얻거나 돈독한 관계를 만드는 등 심리적으로 지배한 뒤 성폭력을 가하는 것'입니다. 영어 'grooming'은 '남자 하인' 혹은 '마구간지기'를 의미하는 중세 영어 'groom'에서 왔습니다. 마구간지기는 말을 씻기고 먹이고 돌봐 줍니다. 말은 마구간지기에게 친숙함을 느끼고 전적으로 의지하게 됩니다. 길들여지는 것입니다. 결국 이런 친밀함과 권위를 악용하여 범죄를 저지릅니다. 이것도 영적 남용입니다.

"신의 은총으로"라는 영화는 프랑스 가톨릭교회 베르나르 프레나 신부의 아동 성추행 사건을 다룬 영화입니다. 그는 1970년대 후반부터 1991년 사이에 가톨릭 보이스카우트 활동에 참여한 아동 70여 명을 성추행했습니다. 가슴에 상처를 안은 채 숨을 죽이고 살던 성추행 피해자들은 2015년 '라파롤리베레'(해방된 목소리)라는 단체를 만들어 사건을 공론화하기 시작했습니다.

문제는 사건의 공소시효가 넘어서 소추를 할 수가 없게 된 것입니다. 뻔뻔하게도 리옹 대교구장 필리프 바르바랭 추기경은 2016년 8월 프랑스 루르드에서 열린 주교 회의 기간에 이 사건을 언급하면서 "신의 은총으로 공소시효가 지난 일입니다"라고 발언했습니다. 아니, 어떻게 이것이 은혜가 될 수 있습니까. 다행히 공소시효가 남은 다른 피해자가 등장함으로써 베르나르 프레나 신부는 법의 단죄를 받을 수 있었습니다. 하나님 앞에서 공소시효는 없습니다. 이 점을 두려움으로 명심해야 합니다.

영적 학대는 인간의 마음과 영혼에 깊은 상처를 남기고 가정과 사회에도 악영향을 미칩니다. 하지만 영적 학대를 당하면서도 여기에 빠진 사람들은 그 집단에서 나오기를 어려워합니다. 사람들은 새로운 체험에 대한 흥분, 특별한 것에 대한 추구, 뛰어난 것을 바라는 욕망, 환영받고 있다는 느낌, 가족 같은 분위기, 강한 소속감, 심지어 자학적인 것을 추구하는 경향을 가지고 있기 때문입니다. 그래서 그 집단의 잘못을 알면서도 벗어나기가 어렵습니다. 그들은 무언가 잃어버린 것 같지만 이전으로 돌아가기 힘들고 현실 감각을 찾지 못합니다.

그러므로 교회는 잘못된 길에서 돌아오려는 이들을 사랑하고 환대해야 하며, 그들이 받은 트라우마를 치유해 주어야 합니다. 무엇보다 그들이 그 집단에 빠지게 된 것을 자책하지 않게 해야 합니다. "당신 탓이 아니니 그곳에서 어서 나오라"라는 메시지를 주어야 합니다. 그들은 영적 남용의 피해자들입니다. 우리의 믿음은 목회자에 대한 것도, 교회에 대한 것도 아님니다. 오직 예수 그리스도, 하나님, 성령님, 성경에 대한 믿음임을 확신시킬 때 그들을 다시 끌어안고 고칠 수 있습니다.

///////

교회의 리더들은 특별히 권력의 유혹, 도움을 청하는 사람들을 조작하고 통제하고 싶은 유혹을 잘 알고 있어야 합니다. 사람들의 칭찬과 세상의 인기, 성공하려는 유혹, 영향력 있는 특별한 사람이 되려는 유혹을 경계해야 합니다.

의사는 좋은 직업이지만, 동시에 위험한 직업입니다. 생명을 다루는 직업이기 때문입니다. 그런 의미에서 목회자를 포함한 영적 리더들도 위험한 위치에 있음을 인지해야 합니다. 영혼을 돌보기 때문입니다. "내 형제들아 너희는 선생 된 우리가 더 큰 심판을 받을 줄 알고 선생이 많이 되지 말라"(약 3:1). 큰 권한과 권력에는 큰 의무와 책임이 뒤따릅니다. "무릇 많이 받은 자에게는 많이 요구할 것이요 많이 맡은 자에게는 많이 달라 할 것이니라"(눅 12:48).

우리는 신앙의 선배들, 사역의 선배들의 태도를 견지해야 합니다. 세례 요한처럼 "그는 흥하여야 하겠고 나는 쇠하여야 하리라"(요 3:30), 베드로처럼 "왜 우리를 주목하느냐"(행 3:12), 바울처럼 "우리도 여러분과 같은 성정을 가진 사람이라"(행 14:15) 하는 마음가짐을 갖고 하나님과 사람 앞에서 겸손한 모습으로 거룩한 사명을 감당해야 할 것입니다.

영적 남용 극복을 위한 공동 기도문

우리 생명의 근원 되시는 하나님, 우리에게 주신 사명을 잘 감당할 수 있도록 각양 성령의 은사와 영적 리더십을 내려 주소서. 그러나 우리에게 선물로 주신 영적 은사와 능력들을 자신의 것으로 여기고 무의식적으로라도 남용하는 일이 없도록 우리를 지켜 주소서. 영적 능력을 잘못 사용함으로 성도들을 시험에 들게 하거나 상처 입히지 않게 하소서.

하나님의 이름을 남용하거나 하나님이 주신 직분을 지위로 착각하지 않게 하소서. 하나님이 주신 것들을 오직 하나님의 영광을 나타내고 성도들을 목양하는 일로만 선하게 사용하게 하소서. 그러기 위해 먼저 우리로 하나님과 성도들 앞에 겸손하게 하소서.

주께서 허락하신 귀한 형제와 이웃을 우리의 목적을 위한 수단으로 대하지 않게 하시고, 늘 주님을 사랑하는 마음으로 섬길 수 있도록 이끌어 주소서. 무엇보다 하나님이 주신 능력을 사사롭게 사용하는 일이 없도록 늘 인도하여 주소서. 우리의 능력이 되시는 예수님의 이름으로 기도합니다. 아멘.

여호수아 7:1
이스라엘 자손들이 온전히 바친 물건으로 말미암아 범죄하였으니
이는 유다 지파 세라의 증손 삽디의 손자 갈미의 아들 아간이
온전히 바친 물건을 가졌음이라
여호와께서 이스라엘 자손들에게 진노하시니라

2장

공(公)의 사유화

'공'(公)을 사유화하는 죄는 인류의 역사만큼 오래된 죄입니다. 인류 최초의 죄는 공(公)인 선악과를 사유화한 것입니다. 성경의 이야기를 살펴보면, 악은 언제나 공(公)을 사유화하는 과정에서 발생하고, 의는 '사'(私)를 공유하는 것으로 나타납니다.

사탄은 하나님의 보좌와 영광을 자기 것으로 만들려다 타락했고(사 14:13-14), 아담과 하와는 하나님이 금하신 선악과를 취하려다 인류를 절망의 구렁텅이에 빠뜨렸습니다. 가인도 하나님을 독점하려다가 아벨을 죽였습니다. 사울은 하나님이 주신 왕위를 사유화하고 동역자인 다윗을 시기하고 괴롭히다 패가망신했습니다.

나봇의 포도원 사건(왕상 21장)에서 나봇은 '땅은 하나님으로부터 자기의 가족들에게 주어진 선물이며, 자신은 땅을 잘 관리하고 유지하는 책임과 권리를 가지고 있다'는 토지 공개념을 피력했습니다. 그런데 이러한 나봇의 토지 공개념이 아합왕의 사적 소유 개념과 충돌하게 되었습니다. 아합과 이세벨은 나봇에게 신성모독죄를 뒤집어씌워 돌로 쳐 죽이고 땅을 빼앗는 불의를 저질렀습니다. 결국 아합과 이세벨은 국민이 위임한 공권력을 자신들의 사욕을 채우기 위해 선량한 국민을 죽이는 데 사용했습니다. 하나님은 아합에게 엘리야를 보내 이러한 불의한 공권력에 대한 심판을 선언하셨습니다.

구약의 거짓 선지자들은 공(公)을 사유화하는 자들과 결탁하여 그들이 백성을 착취하여 얻은 재산을 하나님의 복이라고 정당화해 주고 평화를 빌어 주는 불의하고 왜곡된 신앙을 조장했습니다. 그러나 하나님의 참 선지자들은 공(公)을 사유화하고 과도하게 재산을 축적하는 자들을 비판하며 하나님의 심판을 경고했습니다.

아이성의 교훈

견고하고 강력한 여리고성을 무너뜨린 이스라엘은 그보다 훨씬 작고 형편없는 아이성에서는 크게 실패했습니다. 실패의 원인은 '여호와의 성전'(聖戰)을 세상의 싸움으로 변질시켰기 때문입니다.

40년의 광야 훈련을 마치고 요단강을 건너 드디어 가나안 땅에 입성한 이스라엘에게 하나님은 여리고성에서의 승리를 확실히 보장하시면서, 절대로 사사롭게 전리품을 취하지 말라고 경고하셨습니다. 여리고성은 이스라엘 민족이 가나안에 들어와 첫 번째 맞닥뜨린 성으로서 하나님께 온전히 바쳐져야 했습니다. "이 성과 그 가운데에 있는 모든 것은 여호와께 온전히 바치되 … 너희는 온전히 바치고 그 바친 것 중에서 어떤 것이든지 취하여 너희가 이스라엘 진영으로 바치는 것이 되게 하여 고통을 당하게 되지 아니하도록 오직 너희는 그 바친 물건에 손대지 말라"(수 6:17-18).

하나님이 거듭해서 강조하신 말씀을 달리 표현하면, '바쳐진 물건으로부터 멀리 떨어져라. 그것을 취하면 너희들에게 멸망이 임할 것이다. 이스라엘 진영에 멸망과 곤경을 가져올 것이다'라는 의미입니다. 본래 불의하게 취한 재물은 재앙이 함께 따라오는 법입니다. 반면에 하나님이 주시는 복은 사람을 부하게 하고 근심을 겸하여 주지 않습니다(잠 10:22).

여리고 전쟁은 하나님의 전쟁, 거룩한 성전이기 때문에 '헤렘', 즉 진멸법이 적용되었습니다. 헤렘은 '거룩한 전쟁'과 관련된 개념으로, 전쟁에서 얻은 전리품 모두를 전쟁의 최고 사령관이신 하나님께 드리는 것입니다. 여리고 전쟁은 광야 생활 후 가나안에서 처음 치르는 전쟁으로, 하나님께 드리는 첫 열매와 같았습니다.

또한 여기에는 개인이 전리품을 취하는 것을 금함으로써 '성전'(聖戰)이 약탈하는 전쟁이 되지 않게 하시려는 의미도 있었습니다. 하나님은 '성전' 개념을 통해 이 싸움이 사사로운 싸움이 아니라 의로운 싸움, 공적인 일이 되게 하셨습니다.

그러나 이스라엘은 하나님의 명령을 어기고 자신들의 탐욕을 채우기에 바빴고, 그 결과 하나님의 거룩한 전쟁을 도적질과 노략질로 바꾸었습니다. 하나님이 주신 승리를 하나님께 돌리지 않고 사욕을 채우는 일로 만들었습니다. 하나님은 약속을 지키셨으나, 이스라엘은 약속을 지키지 않았습니다.

헤렘에서 살펴본 바와 같이 '온전히 바친 물건'(the devoted things, 수 6:17, 18, 7:1, 11, 12, 13, 15)은 하나님의 것입니다. 이미 하나님께 헌물로 바친 것이니 인간이 절대 손을 대면 안 되었습니다. 그러나 아간은 그것을 도둑질하여 자기 장막에 감추었습니다. 감히 하나님의 것을 도둑질한 것입니다.

이 일로 인해 이스라엘은 상대적으로 작고 약한 아이성에서 참패를 당하고 용기와 기백이 꺾이게 되었습니다. 그리고 이해할 수 없는 패배의 원인이 바로 아간이었음이 드러났습니다. "내가 노략한 물건 중에 시날산의 아름다운 외투 한 벌과 은 이백 세겔과 그 무게가 오십 세겔 되는 금덩이 하나를 보고 탐내어 가졌나이다 보소서 이제 그 물건들을 내 장막 가운데 땅속에 감추었는데 은은 그 밑에 있나이다"(수 7:21). 사람에게는 감출 수 있었을지 몰라도 하나님께는 감출 수 없었습니다.

아간의 도둑질은 하나님의 것을 사유화한 죄였습니다. 그는 하나님이 주신 승리를 가로채고 공적인 것을 사유화했습니다. 아간이 하나님이 주신 승리를 사유화하고 거룩한 전쟁을 탈취하는 전쟁으로 만들었기에 이스라엘은 다음 상대였던 아이성에 패했으며, 아간과 가족은 돌에 맞아 죽어 아골(괴로움) 골짜기에 묻혔습니다.

하나님은 아간 한 개인의 범죄였지만 이스라엘 전체가 공동의 책임을 지게 하셨습니다. 그리하여 화가 이스라엘 공동체 전체에 미쳤던 것입니다. 이처럼 공(公)을 사유화하는 내부의 죄가 외부의 어떤 적보다 무서운 것입니다. 공(公)의 사유화는 공동체를 안에서부터 무너지게 하기 때문입니다.

공(公)에 대한 기독교적 이해

십계명 중 제8계명은 "도둑질하지 말라"입니다. 하나님이 사유재산이 형성될 수 없었던 광야 시대에 이 말씀을 주신 본래적 의미는 공동의 것을 사유화하지 말라는 명령입니다.

고대 이스라엘에는 절대적 사유재산 개념이 없었고, 재산은 공동체의 권리와 가족의 삶의 연장이었습니다. 여건상 타인에게 팔린 땅이라도 희년이 도래하면 본래의 주인에게 되돌려 주어야 했습니다. 이런 의미에서 가나안 땅 자체는 하나님의 소유였고, 이스라엘은 잠시 맡아 사용하는 권한을 가졌을 뿐이었습니다. 여기에 토지 공개념이 들어 있습니다.

그러므로 "도둑질하지 말라"라는 말씀은 사유재산 수호에 대한 계명이 아니라, 공동의 소유를 사적으로 취하지 말라는 말씀입니다. 즉 이 계명은 사유재산을 보호하기보다는 오히려 사유재산권 형성을 금하는 말씀입니다.

땅, 이자, 십일조, 안식년, 희년에 대한 구약의 율법은 재산권 수호보다는 인권 보호에 초점이 맞춰져 있습니다. 제8계명은 현대적으로, 부를 과도하게 축적하는 행위나 정치적 권력을 위하여 뇌물을 주고받는 행위, 그리고 탈세, 사기, 착취, 횡령, 표절, 불법 상품 유통, 사취, 이권 개입, 미래의 자원을 고갈시키거나 환경을 훼손하는 행위 등을 금지하는 것으로 보아야 합니다.

성령의 역사는 사적 소유를 공유화하는 것으로 나타납니다. 삭개오의 회심이 좋은 예입니다. 그의 회개는 자기의 재산을 나누어 주는 것으로 표현되었습니다. 신약성경에 기록된 많은 비유도 공(公)의 사유화 문제를 다루고 있습니다. 악한 농부의 비유는 멀리 떠나 있는 주인을 두려워하지 않고, 주인의 포도원을 청지기로서 관리하는 자세가 아니라 자기의 것으로 사유화하려 했던 농부들에 대한 이야기입니다(마 21:33-41). 어리석은 부자의 비유(눅 12:16-21)나 부자와 나사로의 비유(눅 16:19-31)에서 부자가 지옥에 가게 된 것은 가난한 자들에 대한 책임을 망각하고 부를 독점했기 때문입니다.

특별히 예수님의 비유 가운데는 우리가 '하나님의 것을 맡은 청지기'라는 의식이 많이 나타나는데, 주인의 뜻에 합당하게 잘 관리하고 선용해야 하는 공적 책임에 대해 말합니다.

초대 교회 성도들이 성령으로 충만했을 때 자신의 소유를 교회 앞에 내놓고 나누어 공유함으로 어려운 시기인데도 신자들 가운데 핍절한 사람이 없었습니다. 오병이어의 이적도 어린아이의 사적인 것을 공유할 때 나타난 기적이었습니다. 참된 신자는 물질을 공유하는 것에 머물지 않고, 더 나아가 생명조차 나누는 공적인 삶을 살아야 합니다.

예수님의 십자가도 자신을 모든 사람에게 내어 주는, 즉 사(私)를 공유화하는 공적 삶의 결정판입니다. 예수님은 근본이 하나님의 본체이시지만 자기를 비워 종의 형체를 입으셨고, 죽기까지 복종하셨습니다(빌 2:6-8).

공생애를 시작하시기 전 예수님은 광야에서 시험을 받으셨습니다(마 4:1-11). 삼중으로 계속된 광야 시험의 요지는 하나님이 주신 능력을 예수님 자신을 위해, 즉 사욕을 위해 사용하라는 것이었습니다. 이것은 공(公)의 사유화에 대한 유혹입니다. 그러나 예수님은 단호하게 이 유혹을 물리치심으로 시험에서 승리하시고 공적인 삶을 시작하셨습니다. 예수님은 십자가를 거절하거나 십자가에서 뛰어내릴 수 있는 능력조차 사용하지 않으셨습니다. 십자가의 정신은 멸사봉공(滅私奉公)의 정신입니다. 예수님은 말 그대로 공생애(公生涯)를 사신 것입니다.

이런 면에서 '이기심'(私)에 기반을 두고 있는 오늘날 자본주의 사회는 '이타심'(公)에 근거한 기독교 정신의 세례를 받아야 합니다. 하나님은 공(公)이시고, 교회도 공(公)입니다. 이 세상의 모든 것, 우리 생명의 호흡까지도 모두 하나님의 것입니다.

공(公)을 사유화하는 죄

오늘날 목회자와 교회 리더들의 큰 잘못 중 하나는 교회를 사유화하려는 것입니다. 공(公)인 교회를 사유화하는 것은 도둑질입니다. 교회를 개척했고, 모든 것을 다 바쳐 충성을 다했고, 교회를 부흥시켰다 해도 교회를 자신의 것으로 생각해서는 안 됩니다. 교회의 주인은 언제나 주님이십니다. 교회의 모든 일꾼은 주님께 청지기로 부름 받고 쓰임을 받았을 뿐입니다.

하지만 현실에서는 담임 목사가 자기 수고와 물질과 시간을 드려 일군 교회이니, 이 교회는 자신의 소유라고 착각하는 경우가 많습니다. 또한 교회를 오래 지켜 온 교인들이 중심이 되어 교회의 소유권을 주장하는 경우도 있습니다. 목회자의 아들이 이어서 목회자가 되는 것은 귀한 일이지만, 교회를 사유화하는 수단이 되어서는 안 됩니다. 담임 목사직 세습은 세습 그 자체가 문제가 아니라, 교회의 사유화가 더 근원적인 문제입니다.

하나님께 돌아가야 할 제물을 자기들의 것으로 만들고 자기 몫을 먼저 챙긴 홉니와 비느하스의 모습을 반면교사로 삼아야 합니다. 그들은 하나님께 드리는 제사를 멸시하고(삼상 2:17) 하나님께 드리는 것을 가로채다가 결국 자신들뿐 아니라 나라도 망하게 만들었습니다.

하나님의 영광이 떠나는 '이가봇'('영광이 없다'는 뜻으로 비느하스의 아들 이름)의 원인도 분석해 보면 공(公)의 사유화 때문임을 알 수 있습니다. 하나님을 섬기는 일은 공적인 일입니다. 사심을 가지고 사사롭게 해서는 안 됩니다. 엘리 대제사장도 비둔하여 의자에서 넘어져 목이 부러져 죽었습니다(삼상 4:18).

교회를 사유화하려는 모든 시도는 '이가봇'을 낳습니다. '자기 몸만 기르는 목자'가 되어서는 안 됩니다. "화 있을진저 이 사람들이여, 가인의 길에 행하였으며 삯을 위하여 발람의 어그러진 길로 몰려갔으며 고라의 패역을 따라 멸망을 받았도다 그들은 기탄없이 너희와 함께 먹으니 너희의 애찬에 암초요 자기 몸만 기르는 목자요 바람에 불려 가는 물 없는 구름이요 죽고 또 죽어 뿌리까지 뽑힌 열매 없는 가을 나무요"(유 1:11-12).

중세 가톨릭교회 타락의 결정적 원인은 성직 세습과 성직 매매였습니다. 물량주의, 교권주의, 금권 선거, 이기주의는 모두 공(公)을 사유화하는 죄입니다. 예수님이 성전 정화 사건에서 "내 집은 기도하는 집이라 일컬음을 받으리라 하였거늘 너희는 강도의 소굴을 만드는도다"(마 21:13)라고 질타하신 것은 바로 하나님을 이용하여 사욕을 챙기려는 자들을 향한 말씀이었습니다.

당시 성전 제사를 중심으로 제사장, 제물을 공급하는 상인, 환전상, 뒤를 봐주는 자 등이 먹이사슬로 복잡하게 엮여 있었습니다. 그들은 모두 하나님 앞에 드려야 할 거룩한 제사를 사업으로 만든 자들이었습니다. 사역을 사업으로 만드는 자들을 교회에서 몰아내야 합니다.

목회자나 교회의 리더들은 교회가 믿고 맡긴 재정이나 인사권을 사유화해서는 안 됩니다. 교회가 재량권을 주었다고 해도 신자들의 헌신적인 헌금으로 마련된 공적 재정을 하나님 앞에 부끄러움이 없게 사용해야 합니다. 교회의 비품이나 근무 시간을 개인적인 용도로 사용하지 않아야 합니다. 목회자가 필요한 시간에 자리를 지키지 않는 것도 공적 시간을 도둑질하는 것입니다. 특별히 교회 사역은 인간관계, 시간, 물질 등 공사(公私) 경계가 불분명하기 때문에 더더욱 주의해야 합니다.

과거에 비해 오늘날 신자들의 헌물과 헌신이 줄어든 것을 느끼게 됩니다. 여러 이유가 있겠지만, 공(公)의 사유화가 큰 이유 중 하나입니다. 교회가 성장하여 교계와 사회에 큰 영향력을 갖게 되는 것은 좋은 일입니다. 그러나 이러한 교회의 성장과 영향력이 모든 성도의 보람과 기쁨이 되기보다는 몇몇 목회자와 리더들의 부와 권력에 집중된다면 교회 구성원들의 헌신과 참여는 위축될 수밖에 없을 것입니다.

종교사회학자 이원규 교수는 바른교회 아카데미가 주최한 '2013봄, 테마가 있는 신학강좌'에서 "한국 교회가 위기를 맞은 가장 큰 이유는 교회의 사유화이며, 이것은 교회의 세속화와 직결된다"며 "한국 교회는 우리 사회의 신뢰를 잃었고 본질적 위기를 맞고 있다"라고 지적했습니다.

그는 한국 교회가 공공성을 상실했다고 전제한 뒤, 공공성의 의미에 대해 "역사적 의미로는 하나님의 뜻을 실현하기 위해 모인 공동체로서의 공교회성을 뜻하며, 세상의 빛과 소금의 역할을 다하며 하나님 나라와 의를 이루는 사회적 의미를 가진 교회"라고 규정합니다. 이 교수에 의하면, 한국 교회 "사유화의 실태는 교회 세습이며, 성직 매매, 예산의 불투명성, 개교회주의의 모습 등이 한국 교회의 세속화된 자화상"입니다. 사유화의 주요 원인은 교파주의, 권위적 문화, 업적 지상주의 등입니다.

횃불트리니티대학원대학교 초빙 교수인 박성철 교수는 "교회 사유화는 교회가 지도자 등 특정한 개인의 소유가 되거나 완전한 통제 아래 놓이는 현상을 의미한다. 사유화된 교회는 특정 개인의 이익을 위해 이용된다. 교회 구성원들은 마땅히 누려야 할 유익을 빼앗긴다"라고 주장합니다. 그리고 "교회 사유화는 공교회성에 대한 거부이며, 그리스도를 교회의 주로 인정하지 않는 행위다. 이는 교회가 병리적 문제를 안고 있다는 사실을 보여 준다. 여기서 주목해야 할 것은 권위를 향한 맹목적 복종과 삶의 극단적 수동성이라는 종교 중독 특징이 교회 사유화를 부추긴다는 점이다"라고 말합니다.

공(公)의 윤리

교회와 신앙생활에 있어 공(公)의 사유화를 막기 위해 우리에게 필요한 것은 '공(公)의 윤리'입니다. 우리는 현대 사회에서 도덕성이 얼마나 중요하며, 신용과 정직이 경쟁력이라는 사실을 비싼 수업료를 내며 배우고 있습니다. 현재 우리에게는 공동체를 생각하는 공(公)의 윤리가 절실합니다. 주변에서 일어나는 비행(非行)의 대부분은 우리 사회 전체가 공(公)을 사유화하는 악의 고리를 끊지 못하고 있기 때문입니다.

국민이 믿고 맡긴 공권력을 가지고 자신의 사욕을 채우는 정치가들, 뇌물을 받거나 이권 사업에 개입하여 영향력을 행사하는 고위직의 친인척들, 기업의 이윤을 비자금으로 조성하여 더 많은 이권을 얻기 위하여 부정을 일삼는 부도덕한 기업주들, 부동산 개발 정보를 가지고 투기에 나서는 공무원들 등 뉴스에 나오는 이러한 사건들이 바로 공(公)을 사유화하는 모습입니다.

공(公)의 윤리가 정착되기 위해서는 먼저 우리의 의식 구조가 바뀌어야 합니다. 사회 구조와 의식 구조는 불가분의 관계에 놓여 있습니다. 비리가 일상화된 사회 구조 속에 살다 보면 구성원들의 의식 구조에도 문제가 생기고, 의식 구조가 불건전한 사람들이 대세를 이루는 사회는 구조적으로 병이 듭니다. 그래서 잘못된 행태에 대한 분별 의식이 점점 둔화되고 사회 전반적으로 이러한 풍조가 만연됩니다.

이런 사회의 가장 심각한 재난은 사람들의 건전한 의식 구조가 붕괴된다는 것입니다. 양심적으로 살려는 사람은 드물고, 잘못을 저지르다 법망에 걸린 사람조차 반성하기는커녕 재수 없게 자신만 당한다고 억울해하는 사회가 되는 것입니다. 소돔과 고모라에 처음부터 의인 10명이 없지는 않았을 것입니다. 하지만 오랜 기간 부패한 사회 속에서 살다 보니 의인이 점점 사라져 버린 것입니다. "터가 무너지면 의인이 무엇을 하랴"(시 11:3).

비도덕적인 사회는 비도덕적인 개인을 만들고, 비도덕적인 개인은 비도덕적인 사회를 강화합니다. 이런 이유로 기독교는 개인을 구원하는 개인 복음뿐 아니라 사회를 변화시키는 사회 복음도 중시해야 합니다.

극복되어야 할 이기주의

공(公)의 윤리를 다룸에 있어서 우리가 극복해야 할 사회적 병폐, 후진적 병폐는 바로 이기주의입니다. 이기적 발상을 넘지 못하는 개인들이 모인 사회 조직은 집단 이기주의를 벗어나지 못합니다.

지금 우리 사회에는 개인 이기주의와 집단 이기주의가 난무하고 있습니다. 소수에 의해 독점되었던 정치는 좁은 나라를 지역적 이기주의로 더 잘게 나누어 놓고, 대통령이 되기 위해 정당을 만들고, 능력이나 도덕성보다는 특정 개인이나 조직에 대한 충성도로 인사를 단행하며, 지도자들은 자기 사람 만들기에 공을 들이는 '패거리 정치'를 양산했습니다.

심지어 목회자들 가운데도 신자들을 교회 부흥의 수단으로 보거나, 은퇴 이후에도 영향력을 행사하기 위하여 자기 뜻에 맞는 후임자를 무리하게 세우거나, 교회의 재산이나 권한을 사사롭게 사용하는 이들이 있습니다. 이는 교회의 공교회성을 무너뜨리는 행위입니다. 이러한 풍조는 관료, 기업, 학교, 군대, 종교계에까지 학연, 지연, 혈연 등 인맥 위주의 사회를 만들었습니다. 건전한 공동체 의식을 발전시키지 못하고 붕당, 도당 수준의 왜곡된 집단의식을 소위 지도자들이 조장했습니다.

본래 자본주의적 경제관은 인간의 이기심에 기초한 것으로, 개인의 자유, 창의성, 역량 등을 극대화하여 경제와 산업을 발전시키는 긍정적인 면도 있습니다. 반면에 재물이 인간의 주인이 되어 황금만능 사고나 물질 위주의 가치관이 자리 잡기 쉬운 제도이기도 합니다. 승자 독식(The winner takes all), 즉 강한 자가 약자의 몫까지 다 차지할 수 있는 폐단이 있고, 부나 권력의 집중으로 인간의 공동선(common good)이 파괴되기 쉽습니다.

어려운 시절에는 콩 한 쪽도 나눠 먹으며 화합할 수 있었지만, 자본주의의 발달로 부의 양극화가 심화되면서 초갈등 사회로 접어들게 되었습니다. 이러한 자본주의의 폐단을 극복하기 위해서는 분배의 정의에 관심을 갖고 사회 보장 제도나 복지 제도 등으로 보완을 해야 하며, 소유뿐 아니라 사용에서도 재물의 공공성을 보장하는 공(公)의 윤리를 확립시켜야 합니다.

사회 구성원 모두가 공동선을 추구하는 가운데 기업과 국민, 고용주와 고용인 상호 간의 순환적 협력과 기여 체계를 만들어가야 합니다. 기업은 국민을 위해 봉사하고, 국민은 기업을 육성하는 상호 협력 체계를 만들어야 합니다. 한국 사회의 병폐는 배타적 경쟁심에 기초한 강한 소유욕과 사치심, 향락 풍조이며, 타인과 공동체에 대한 배려 없는 이기주의입니다.

///////

공(公)의 윤리를 구체화하기 위해 우리에게 필요한 의식을 3S로 표현할 수 있습니다. 1) 연대(Solidarity) 의식, 2) 나눔(Sharing) 의식, 3) 청지기(Stewardship) 의식입니다.

첫째, 연대 의식을 가져야 합니다. 하나님은 그분의 백성을 개별적으로 아실 뿐 아니라 한 몸으로 간주하십니다. 지체는 여럿이지만 하나의 몸으로 돌보십니다. 만유의 아버지이신 하나님은 우리가 다른 형제자매의 생명과 행복을 더 풍성하게 할 때 참으로 기뻐하십니다. 형제에게 한 일이 곧 주님께 한 행위임을 잊지 말아야 합니다.

둘째, 나눔 의식을 지녀야 합니다. 주는 것이 받는 것보다 복되다는 것을 기억해야 합니다. 내 지갑에 들어온 물질에는 '하나님의 몫'과 '내 몫' 이외에 '이웃의 몫'도 이미 포함되어 있음을 명심해야 합니다. 우리의 삶은 타인에게 나눠 준 것으로만 기억됩니다. 한 사람의 인생을 평가하기 위해서는 그 사람의 장례식을 봐야 한다는 말이 있습니다. 장례식에서는 고인이 생전에 얼마나 많이 가졌는가가 아닌, 이웃에게 무엇을 얼마나 많이 베풀고 나누었느냐가 드러나기 때문입니다.

셋째, 청지기 의식을 가져야 합니다. 우리가 최종적 소유주가 아니라 하나님의 것, 공적인 것을 잠시 맡아 가지고 있는 청지기임을 깨달아야 합니다. 마지막 날에 주님은 우리에게 이렇게 물으실 것입니다. "내가 너에게 준 것을 가지고 너는 어떻게 하였느냐?" 이때에 달란트 비유에 나오는 두 달란트, 다섯 달란트를 받은 사람들처럼 "잘하였도다 착하고 충성된 종아"라는 칭찬을 들을 만한 삶을 살아야 합니다.

공(公)의 사유화 극복을 위한 공동 기도문

우리에게 귀한 것들을 맡겨 주신 하나님 아버지, 우리가 하나님의 것을 훔치는 죄를 범하지 않도록 우리의 마음과 몸을 지켜 주소서. 우리에게 맡기신 소중한 것들을 주님의 뜻을 따라 주님의 이름으로 가정과 교회 안에서 아름답게 나누게 하소서. 주님을 알지 못하는 이웃들과의 관계에서도 이타적인 마음을 가지고 사랑으로 나누게 하소서.

은사와 사역과 시간과 물질을 맡은 선한 청지기로서 하나님 나라를 위하여 충성을 다하게 하소서. 모든 것의 주인은 하나님이심을 인정하는 자세로 주어진 것에 늘 자족하며 감사하게 하시고 공적인 것을 탐하지 않게 하소서. 더 나아가 우리의 삶까지도 나누는 공적 삶을 살게 하소서. 그리하여 이 땅에서 사는 동안 나누고 베풀고 섬기는 기쁨을 온전히 누리게 하소서. 우리 삶의 주인 되신 예수님의 이름으로 기도합니다. 아멘.

마태복음 5:13-16
13 너희는 세상의 소금이니 소금이 만일 그 맛을 잃으면 무엇으로
짜게 하리요 후에는 아무 쓸데없어 다만 밖에 버려져 사람에게 밟힐 뿐이니라
14 너희는 세상의 빛이라 산 위에 있는 동네가 숨겨지지 못할 것이요
15 사람이 등불을 켜서 말 아래에 두지 아니하고 등경 위에 두나니
이러므로 집 안 모든 사람에게 비치느니라
16 이같이 너희 빛이 사람 앞에 비치게 하여 그들로 너희 착한 행실을 보고
하늘에 계신 너희 아버지께 영광을 돌리게 하라

3장

신앙생활의
사사화

오늘날 한국 교회의 신앙이 사사화(私事化, privatization)되어 간다는 것을 잘 보여 주는 통계 자료가 발표된 적이 있습니다.

2016년 ○○교회 리더 350명을 대상으로 '그리스도인으로서의 삶의 영역'에 대한 설문 조사 결과, 응답자의 절반이 넘는 54.4%가 "교회에서의 예배(20.9%), 봉사(17.7%), 기도(15.8%)에 참여하고 있다"고 답해, 한국 교회의 문제는 교회의 게토화, 곧 '교인들이 공간으로서의 교회 안에만 머무는 신앙'임을 입증해 주었다. 여기에 "개인 QT를 하고 있다"(10.3%), "가정에서 예배를 드리고 있다"(6.7%), "선교적인 사명을 갖고 선교에 참여하고 있다"(7.4%), "평신도·선교사로서의 꿈이 있다"(4.6%)라는 응답까지 더하면 신앙의 사사화(私事化, privatization) 정도가 극심함(83.4%)을 알 수 있다. 16.6%만이 "직장에서 그리스도인의 정체성을 드러내고 있다"(9.4%), "직장에서 그리스도인으로서 정의롭게 일을 처리하고 있다"(7.2%)고 답했다.

　이러한 사실은 또 다른 질문인 '설교 말씀이 나의 삶에 영향을 미
치는 영역'을 묻는 질문에 대한 응답 결과에 의해 잘 뒷받침됐다.
"개인 영성"과 "가정생활" 영역이라고 답한 응답자의 분포를 나타
내는 그래프의 면적은 상대적으로 넓은 반면, "직장생활"과 "사회
생활"의 그래프 면적은 협소했다. 특히 "사회생활"이 그러했다.[1]

　이렇듯 한국 교회가 극단적으로 사사화된 것은 일차적으로 교
회가 너무 높은 울타리를 치고 그 안에서만 살아왔기 때문입니
다. 한국 교회가 예수님께 가는 길을 닦는 교회 대신 성을 쌓는
교회가 된 것입니다. 교회는 사회 속으로 깊이 들어가야 하는데,
너무 교회 내부에서만 살아왔습니다. 고인 물은 썩듯이, 사사
화된 한국 교회는 결국 존재 목적을 상실했고, 부패하여 사회의
지탄을 받게 되었고, 대사회적 신인도 하락으로 이어졌습니다.

복음과 교회의 본질적 사명

창조주 하나님이 유일한 신이시고 예수님이 인류를 구원할 유
일한 구세주이시라면, 이 진리는 반드시 열국과 만민에게 전파
되어야 합니다. 복음은 이미 믿고 있는 그리스도인들만의 전유
물이 아닙니다. 세상 모두가 함께 들어야 할 말씀입니다. 그리
고 이것은 예수님의 지상 명령입니다. "그러므로 너희는 가서

모든 민족을 제자로 삼아 아버지와 아들과 성령의 이름으로 세례를 베풀고"(마 28:19). "오직 성령이 너희에게 임하시면 너희가 권능을 받고 예루살렘과 온 유대와 사마리아와 땅 끝까지 이르러 내 증인이 되리라"(행 1:8).

구약에 나오는 히브리적 선교는 이방인이라도 히브리인처럼 되어야 하는 구심력적 선교 방식이었습니다. 그러나 기독교적 선교는 원심력적으로, 확장적이고 선포적이고 외향적인 방식의 선교입니다. 떡 반죽 전체를 발효시키는 누룩이고, 숲을 이루는 작은 씨앗이어야 합니다.

한국 선교 초기만 해도 소수의 그리스도인들이 사회, 문화, 정치, 교육, 의료 등 모든 분야에 선한 영향력을 미쳤습니다. 그러나 현재는 그리스도인들의 신앙생활이 사사화되어 가고 있습니다. 신앙생활이 교회와 개인의 사적인 영역에 머무르고 있는 것입니다. '세상의' 소금과 '세상의' 빛이 되지 못하고, 교회 안에만 머무르는 '소금 덩어리', '등경 아래 둔 등불'로 전락하고 있습니다. 소금과 등불의 역할을 제대로 감당하지 못하는 것입니다. 그러는 사이 교회가 세상의 중심에서 변두리로 밀려나고 말았습니다.

변화산에서 신비한 체험을 한 베드로가 예수님께 "여기 있는 것이 좋사오니"(막 9:5) 하며 '초막 셋을 짓고' 그곳에서 살자고 말씀드렸던 것처럼, 오늘날 기독교는 '산 위의 종교'로 머물면서 세상을 위한 '산 아래의 종교'가 되기를 단념한 것처럼 보입니다. 산 아래에는 귀신 들려 간질로 고통받으며 간절하게 예수님을 기다리는 사람이 있는데도 말입니다(막 9:14-18). 교회가 복음을 필요로 하는 세상으로 진군하지 않고, 세상으로부터의 도피처가 되고 있습니다.

예수님은 고별 설교를 통해 교회의 본질에 대해 말씀하셨습니다. "내가 비옵는 것은 그들을 세상에서 데려가시기를 위함이 아니요 다만 악에 빠지지 않게 보전하시기를 위함이니이다 내가 세상에 속하지 아니함같이 그들도 세상에 속하지 아니하였사옵나이다"(요 17:15-16). 그리스도인은 세상에 살지만 세상에 속하지 않으며, 세상을 복음으로 변화시키는 존재입니다.

상승과 회귀의 원리

미로슬라브 볼프(Miroslav Volf)는 그의 대표적인 교회론 저서인 《광장에 선 기독교》(IVP, 2014)에서 기독교의 본질을 '상승'과 '회귀'로 설명합니다. 예수님은 승천하셨고(상승), 다시 재림하실 것입니다(회귀). 모세도 시내산에 계명을 받으러 올라갔고(상승), 말씀을 받아 다시 회중에게 돌아왔습니다(회귀).

상승은 하나님과의 만남을 통해 메시지를 받고 신앙의 정체성이 형성되는 수용적 사건입니다. 한편, 회귀는 세상에서 메시지를 전파하고 실행하는 창조적 사건입니다. 수용적인 상승이 없으면 세상을 변화시킬 메시지를 받을 수 없으며, 창조적인 회귀가 없으면 실제로 세상을 변화시킬 수 없습니다. 신앙생활의 상승은 반드시 창조적 회귀로 이어져야 합니다.

그런데 우리의 신앙생활에서 기능 장애가 발생할 수 있습니다. 상승 기능 장애가 있는가 하면, 회귀 기능 장애도 있습니다. 하나님과 이웃을 온전히 사랑하지 못할 때 이런 기능 장애가 발생하게 됩니다.

먼저, 하나님을 진정으로 사랑하지 못할 때는 상승 기능 장애가 발생합니다. 자신의 이해관계를 따라 하나님과 관련된 언어를 도용하면서, 그것이 마치 하나님의 뜻인 양 자신과 공동체를 속이며 살아가는 것입니다. 이는 다름 아닌 우상 숭배입니다. 이런 우상 숭배는 교회 안에서도, 우리 신앙생활에서도 발견됩니다. 우상은 개인이 되기도 하고, 교회 건물이 되기도 합니다.

한편, 이웃을 진심으로 사랑하지 않을 때는 회귀 기능 장애가 발생합니다. 신앙생활을 종교의 영역 또는 교회에서의 생활에만 국한시켜 나태하게 안주하고(신앙의 나태함, 무력함, 타협함), 나아가 자기 신앙을 전체주의적으로 여겨 이웃에게 강요하고(신앙의 강요), 폭력적으로 표현하는 것입니다.

"가장 높이 나는 갈매기가 가장 멀리 본다"라는 말로 유명한 리처드 바크(Richard Bach)의 소설 《갈매기의 꿈》에서도 상승과 회귀의 원리를 발견할 수 있습니다.

소설의 주인공 조나단 리빙스턴은 '먹는 것'이 아니라 '나는 것'에 관심이 있는 갈매기입니다. 그는 이를 이상하게 여긴 동료들로부터 따돌림을 당하고 급기야 무리에서 추방을 당하지만, 계속해서 비행 연습을 해서 '천국'이라고 생각되는 '보다 높은 곳'에 도달합니다. 그리고 자신이 터득한 진리를 다른 갈매기들에게 나누어 주기 위해 자신을 추방했던 갈매기들에게 돌아옵니다. 진리를 발견하기 위한 상승 후에 다른 갈매기들에게 진리를 나누기 위해 회귀한 것입니다.

오늘날 그리스도인이 생각하는 신앙은 목회자들이 주일에 제공하는 영적 서비스를 소비하고, 복을 받아 성공하려는 개인주의 및 이기주의 경향에 갇혀 버렸습니다. 현세 기복적이고 이기적이고 소비 중심적인, 누르면 자동으로 나오는 '자판기(vending machine) 신앙'에 머물러 있는 것입니다.

그러나 우리의 믿음은 반드시 공적 영역에서 삶으로 증명되어야 합니다. '하나님의 자녀'라는 정체성에서 예수님을 따라 사는 '예수님의 제자'의 실천적 삶으로 나아가야 합니다. 교회 안에만 머무르는 신앙을 넘어서 가정에서, 그리고 일터에서 신앙의 생활화를 이루어야 합니다.

영향력을 잃어버린 교회

교회 앞에서 가게를 운영하고 있지만 교회는 나가지 않는 사람이 새로 부임한 목사님의 설교가 좋다고 칭찬을 했습니다. 그 말을 들은 손님이 "새로 오신 목사님의 설교를 들어 보셨습니까?"라고 물었습니다. 주인이 아니라고 답하자 손님이 다시 물었습니다. "그런데 어떻게 목사님이 설교를 잘하는지 아십니까?" 그러자 주인이 웃으며 이렇게 말했습니다. "새로운 목사님이 부임해 오신 후 그 교회 교인들이 외상값을 잘 갚습니다." 비신자에게는 그리스도인의 구체적인 삶의 변화가 유일한 평가 기준이 됩니다. 그들이 볼 수 있는 유일한 성경은 신자들입니다.

교회는 같은 취미를 가진 사람들이 모여 교제하는 동호회가 아닙니다. 기독교가 점점 게토화되어 우리만의 세계, 우리만의 언어, 우리만의 교제, 우리만의 예배를 구축하고, 참된 생명수를 찾는 외부인들이 들어올 수 없는 견고한 벽을 만들어 가고 있습니다. 예수님께 가는 길을 닦는 교회가 아니라, 성을 쌓는 교회가 되고 있습니다. 교회는 세상으로 파고 들어가 적극적으로 사회를 변화시켜야 하는데, 오히려 세상과 단절되고 말았습니다.

미국 워싱턴 성경박물관에는 '노예 성경'이 있다고 합니다. 이 성경은 1808년 영국 런던에서 발행했는데, 성경의 여러 군데가 빠져 있습니다. 예를 들어, 창세기가 끝나고 나서 출애굽기에 들어가면 1-18장이 없고 곧바로 출애굽기 19장이 나오는 식입니다. 애굽에서 노예살이하던 히브리 백성이 하나님에 의해 해방되어 자유를 얻게 되는 내용을 빼 버린 것입니다. 백인 지배층이 흑인 노예들이 영향을 받을 내용을 미리 삭제하고 편집하여 구약의 90%, 신약의 50%가 빠진 '숭숭 구멍 뚫린 성경'이 만들어진 것입니다. 오늘날 우리도 '숭숭 구멍 뚫린 성경'을 가지고 있습니다. 우리 입맛에 맞는 내용만 골라서 믿기 때문입니다.

기독교가 세상의 중심에서 외곽으로 밀려나게 된 가장 중요한 이유는 우리의 신앙이 복음의 능력, 성령의 능력을 놓쳤기 때문입니다. 세상을 선도할 자신감을 잃었기 때문입니다. 자신을 '메뚜기'로 인식하고, 세상을 '거인'으로 보기 시작한 것입니다.

오늘날 교회가 성도들에게 저 넓은 세상, 복음이 필요한 세상을 향해 전진할 담대함과 거룩한 모험심을 길러 주지 못하고 있는 것은 아닙니까? 목회자와 교회의 리더들이 세상으로 나아가야 할 사람들을 충성이라는 명목으로 교회에만 붙들어 두고 있는 것은 아닙니까? 어쩌면 목회자 자신부터 성령 충만, 능력 충만, 말씀 충만, 사랑 충만하여 세상을 향해서 나아갈 용기와 담력을 상실한 것은 아닙니까?

오늘도 하나님은 모이면 뜨겁게 예배하고 기도하며, 흩어져서는 하나님의 뜻을 힘 있게 실행하는 성도와 목회자를 간절히 찾고 계십니다. 신앙생활이 사적인 영역에만 머물렀던 것을 회개해야 합니다. 우리 개인의 믿음은 공적 영역에서 증명되어야 합니다.

교회는 지금 세상과 한배를 타고 있습니다. 다시스로 가는 배에 탄 요나를 생각해 보십시오. 그 배는 다른 사람이 아니라, 불순종한 요나 때문에 풍랑을 만났습니다. 세상의 죄 때문이 아니라, 교회의 죄 때문에 배에 탄 사람들이 함께 고난을 당한 것입니다.

세상 사람들이 일어나 요나를 꾸짖었듯이, 세상이 교회를 꾸짖고 있습니다. "그렇게 잠만 자고 있지 말고 깨어 일어나 네가 믿는 하나님께 기도하라"고 충고합니다. "당신은 왜 우리의 안위를 위해 당신이 할 수 있는 일을 하지 않소. 뭐라도 좋으니 한번 해 보시오"라고 말입니다. 만일 그들이 제대로 알았다면 "당신이 이 문제의 키를 쥐고 있는 사람이 아니오! 왜 잠만 자고 있소. 그 믿음을 한번 사용해 보시오"라고 책망했을 것입니다.

자신이 가지고 있는 믿음의 자산으로 같은 배를 탄 사람들을 위해 무슨 일이든 시도해 보십시오. 자신이 누리는 영적 자원을 공공의 선에 보탬이 되는 방식으로 활용할 수 있어야 합니다. 자신의 믿음을 공적 영역에서 발휘하십시오. 그렇지 않으면 기독교는 공공의 적이 될 것입니다. 우리 개인의 신앙은 사적 영역에만 머물러서는 안 되고, 공적 영역에서 표현되어야 합니다.

비신자들은 성경을 읽지 않습니다. 다만 그리스도인인 우리의 삶을 통해 하나님을 보고, 우리의 말과 행동을 통해 성경을 읽습니다. 우리의 삶이 하나님과 성경을 제대로 반영하지 못한다면 그들은 영영 하나님을 알 길이 없습니다.

교회 울타리를 넘어 공적 신앙으로

2020년 벽두부터 한국에 본격적으로 퍼지기 시작한 코로나19 탓에 교회는 국가와의 관계에서 딜레마에 빠지고 말았습니다. 코로나19 정국 속에서 기독교는 '예배냐, 방역이냐'는 양자택일을 강요받았습니다. 예배를 강행하려면 방역 당국의 권고를 무시해야 하고, 국가의 방역을 존중한다면 교회 예배를 취소해야 한다고 생각했습니다. 이것은 마치 교회가 '이기주의냐, 이타주의냐'를 선택하는 문제처럼 보였습니다.

하지만 양자택일이 아닌, 둘 다를 만족시킬 방법이 분명 있습니다. 이성과 신앙이 대립되는 것으로만 생각할 필요가 없습니다. 이성에 부합하는 신앙도 얼마든지 가능합니다. 코로나19 팬데믹 상황은 열성적인 그리스도인이 주장하는 박해 상황이 아닙니다. 박해라고 생각하면 교회는 국가와 대립하여 싸워야 하며, 결국 교회는 세상 사람들에게 지극히 이기적인 집단으로 각인될 수밖에 없습니다. 단언컨대 코로나19는 박해 상황이 아니라, 전염병 상황일 뿐입니다.

우리는 목숨보다 소중히 여기는 예배도 드리면서 방역이라는 사회적 책임도 다할 수 있는 방법을 찾아야 합니다. 이를 위해 하나님의 지혜가 필요합니다. 스스로 방역 매뉴얼을 만들되 세상이 요구하는 것보다 더욱 강력하게 만들고 이를 철저히 준수하면 세상도 교회를 이기적이라 비판하지 못할 것입니다. 교회가 사적인 영역에만 머무르면 불신 세상과 끊임없이 싸워야 하지만, 교회가 공적인 신앙을 갖게 된다면 얼마든지 솔로몬의 비책을 생각해 낼 수 있습니다.

라파엘로 산치오(Raffaello Sanzio)는 교황 율리우스 2세(Julius II)의 요청에 따라 바티칸 '서명의 방'에 기독교와 세속의 위대한 사상가들의 초상화를 그렸습니다(1510-1511년). "성만찬 논쟁"과 마주한 벽에 "아테네 학당"이 걸려 있는데, 이 작품은 로마 가톨릭

사상을 잘 대변하는 그림입니다. 자연법 위에 신법, 이성과 신앙의 조화, 헬라 철학과 기독교의 종합적 조화를 보여 줍니다.

"아테네 학당"에는 54명의 인물들이 표현되어 있는데, 대부분 철학자, 천문학자, 수학자들입니다. 그림 중앙에 붉은색 망토를 두른 플라톤(Platon)은 옆구리에 '티마이오스'(Timaeus)라 쓰인 책을 끼고 '이데아'에 대해 설명하듯 손가락으로 하늘을 가리키고 있습니다. 아리스토텔레스(Aristoteles) 역시 《니코마코스 윤리학》이라는 책을 허벅지에 받치고 현실 세계를 가르치고 있습니다.

계단 한복판에 보라색의 망토를 깔고 비스듬히 누워 있는 사람은 명예와 부귀를 천시했던 견유학파 디오게네스(Diogenes)이며, 왼쪽 아래에는 쭈그려 앉아 책에 입체 원형을 그리고 있는 피타고라스(Pythagoras)가 있습니다.

그 오른쪽에 왼손으로 머리를 받치고 사색에 빠진 채 대리석 탁자 위 종이에 무엇인가를 쓰고 있는 헤라클레이토스(Heracleitos), 또 그림 오른쪽 아래에는 허리를 굽혀 컴퍼스를 돌리며 다음 세대를 가르치는 유클리드(Euclid)가 있으며, 뒤에는 별이 반짝이는 천체 구(球)를 한 손으로 받쳐 든 프톨레마이오스(Ptolemaeos)가 그려져 있습니다. 건물에는 아폴로와 아테네의 신상들이 있고, 밖에는 푸른 하늘이 보입니다.[2]

가톨릭은 이성과 계시, 자연법과 신법, 일반 은총과 특별 은총의 연속성을 강조합니다. 그래서인지 일반 은총에 힘입은 가톨릭 신자들이 개신교 신자들보다 공적 영역에서 더 적극적으로 의를 행하는 것처럼 보입니다. 한국에서 기독교보다 가톨릭이 대외 신뢰도가 더 높은 까닭도 이 때문일 것입니다.

프랑스의 사회학자 에밀 뒤르켐(Emile Durkheim)이 《자살론》에서 분석한 다음의 글은 우리에게 큰 가르침을 줍니다.

> 우선 종교를 통해 개인이 집단 생활에 긴밀히 통합되는 가톨릭 교도들 사이에는 자살률이 낮으며, 반대로 개인주의적 경향이 짙은 개신교 교도들 가운데는 자살률이 높다. [3]

기독교는 다소 개인주의적 신앙을 지니고 있습니다. 하지만 기독교에도 공적 신앙을 고취할 교리적인 요소는 충분합니다. 종교개혁의 중요한 의의는 성과 속을 분리하는 이분법적인 의식 구조를 철폐한 것입니다. 주일과 평일, 교회와 세상, 목회자와 평신도, 신비한 체험과 일상적인 경험, 하나님의 일과 세상의 일 사이의 담을 허문 것입니다.

종교개혁에 있어 '오직 은총으로만', '오직 믿음으로만', '오직 성서로만' 못지않게 '만인제사장직'이 중요합니다. 종교개혁의 정신은 '신자는 모두 왕 같은 제사장'이라는 것입니다. 물론 이 말은 모든 신자가 교황처럼 되라는 뜻은 아닙니다. 모든 신자는 소명감을 가지고 모든 사람을 위한 사역자가 되라는 의미입니다.

이런 의미에서 모든 신자는 일터 사역자요, 전문인 선교사가 되어야 합니다. 마르틴 루터(Martin Luther)의 소명 사상은 소명이 종교적인 영역에만 국한되지 않고 삶의 전 영역에 영향을 미치는 것을 의미합니다. 이로써 일상생활의 의미가 더욱 중대해집니다. "무슨 일을 하든지 마음을 다하여 주께 하듯 하고 사람에게 하듯 하지 말라"(골 3:23).

문제는 기독교 안에 만연한 현대판 영지주의입니다. 기독교 역사 속에서 영지주의는 절대적인 이분법적 관점으로, 몸 없는 영혼을 강조해 왔습니다. 영지주의자들은 개인 구원에 대한 관심은 지대하지만, 하나님 나라를 이 땅에 실현하는 것에는 관심이 없습니다. 개인과 공동체, 사적 신앙과 공적 신앙은 균형을 이루어야 합니다. 따라서 개인의 신앙은 교회, 사회, 국가, 세계, 생태계, 우주로 확장되어야 합니다.

세상, 공적 영역에서의 그리스도인

영성은 중요하지만, 사회적 영향력이 없는 영성은 건강하지 못합니다. 참된 기독교 영성은 공적 영역에서 성경적 가치를 실현할 수 있어야 합니다. 생태계 파괴, 자살, 안락사, 사형 제도, 낙태, 인간 복제 등의 문제가 기독교 생명 존중 운동으로 해결될 수 있습니다. 평화, 전쟁, 자유, 인권, 정의, 경제, 빈곤, 직업, 성, 환경 등도 모두 신앙의 문제가 될 수 있습니다. 구약의 선지자들도 하나님과의 관계에 대해서만 말하지 않았습니다. 그들은 땅, 노동, 자본, 임금, 세금, 빈곤, 법률, 정의, 정치, 전쟁, 평화에 대해 말했고, 세속의 영역에 적극적으로 참여했음을 기억해야 합니다.

리처드 니버(Richard Niebuhr)는 그의 책 《그리스도와 문화》(한국기독학생회출판부, 2007)에서 문화와 그리스도의 관계를 5가지 유형으로 규정합니다. 그중에는 그리스도와 문화가 서로 배척하고 타협할 수 없는 관계에 있다고 보는 입장인 '문화에 대항하는 그리스도' 개념, 그리스도가 문화에 완전 동화되는 수준으로 문화를 무비판적으로 받아들이는 입장인 '문화의 그리스도' 개념이 있습니다. 니버는 이러한 양극단적 개념을 대신하여, 그리스도 안에서 문화와 세상을 변화시키는 방법을 찾아야 한다는 입장인 '문화를 변혁하는 그리스도' 개념을 이야기합니다.

'문화를 변혁하는 그리스도' 개념을 생각한다면, 기독교 신앙은 사적 신앙에서 공적 신앙으로 나아가야 합니다. 기독교적 가치로 문화와 정치를 바꿀 수 있어야 합니다. 아니, 바꿔야 할 책임이 있습니다.

신학에도 같은 논리가 적용됩니다. 자유주의 신학의 문제가 하나님을 공적으로만 다룰 뿐 개인적 체험에서 다루지 않는다는 것인 데 반해, 근본주의 신학의 문제는 하나님을 사적인 영역에만 가두어 놓는 것입니다. 우리는 사적으로도, 그리고 공적으로도 하나님을 만나야 합니다.

현재 한국 교회는 사적인 영역에 치우쳐 있기에 균형을 위해 공적인 영역을 강조할 필요가 있습니다. 하나님을 믿는 믿음이 공적 영역에서도 적극적으로 표현되어야 하고, 그리스도인의 사회적 책임에 대해 더 교육해야 합니다. 개인적인 하나님과의 관계를 공적 영역으로 이어 가는 것이 예언자적 사명이며, 이것이 교회와 사회 모두를 성장시킬 수 있는 길입니다. 하나님은 개별적이시지만 결코 사적이지 않으십니다.

한국에서 기독교가 최대 종교가 되었음에도 한국 사회가 바뀌지 않고 있는 이유는 신앙의 사사화 때문입니다. 종교학자인 로버트 우스나우(Robert Wuthnow)는 종교의 쇠퇴 과정을 상업화(commercialization), 사사화(privatization), 의식화(ritualization), 고립화(isolation)로 봅니다. 한국 교회는 이런 쇠퇴의 과정을 밟아 나가고 있습니다.

'갈라파고스 신드롬'(Galapagos Syndrome)이란 말이 있습니다. 갈라파고스는 남아메리카 대륙에서 멀리 떨어져 고립된 동태평양 에콰도르령 제도를 통칭하는 말입니다. 찰스 다윈(Charles Darwin)의 진화론에 등장한 것을 계기로 유명해졌습니다. 갈라파고스 신드롬은 2007년 일본 게이오 대학 나쓰노 다케시 교수가 최고의 기술을 가진 일본 전자 제품들이 세계 시장과 단절된 상황을 설명하기 위해 만든 말입니다. 외부의 시선이나 평가에 아랑곳하지 않고 내부의 기준에 만족해하다가 스스로 고립되고 도태되는 현상을 의미합니다. 일본이 모바일 인터넷, 휴대전화, 디지털 TV 같은 전자 산업 분야에서 내수 시장에 안주하면서 국제 표준을 소홀히 하는 사이에 경쟁력이 약화되고, 세계 IT 시장에서 고립되고, 그 결과 다른 나라들에 뒤처지게 된 것입니다.

어쩌면 한국 교회도 갈라파고스 신드롬을 앓고 있는 것일 수 있습니다. 교회가 공적인 영역에서 벗어나 개인의 영역에만 머무르고 의식화됨으로써 적극적인 사회적 참여가 부족한 현실입니다. 교회가 일상에서 부딪히는 문제들에 크게 관심을 두지 않았기 때문에 세상에 뒤처지게 되고, 세상에 영향을 미치는 대신 사회의 지배적인 가치관에 영향을 받게 되었습니다. 이제라도 교회가 공공성, 공동체성, 공교회성을 회복하기 위해 노력해야 합니다.

기독교는 인류의 역사를 바꿀 힘을 가진 종교입니다. 짐 월리스(Jim Wallis)는 그의 책 《하나님의 정치》(청림출판, 2010)에서 "역사는 주로 영적 기초 위에서 일어난 사회 운동을 통해 바뀐다"라고 말합니다.

'영적 기초'란 당연히 기독교 신앙을 의미합니다. 마르틴 루터, 윌리엄 윌버포스(William Wilberforce), 에이브러햄 링컨(Abraham Lincoln), 마틴 루터 킹(Martin Luther King), 넬슨 만델라(Nelson Mandela) 등이 이런 영적 기초를 통해 위업을 이루었습니다. 심지어 독일의 통일마저도 기독교라는 영적 기초 위에서 이루어진 일입니다. 따라서 우리는 기독교 신앙을 가지고 사회를 향해 적극적으로 도전하고 나아가야 합니다. "이같이 너희 빛이 사람 앞에 비치게 하여 그들로 너희 착한 행실을 보고 하늘에 계신 너희 아버지께 영광을 돌리게 하라"(마 5:16).

///////

예수님은 산상수훈에서 제자도의 본질에 대해 가르쳐 주셨습니다. '너희', 즉 제자들은 '세상'과 구별된 존재로, 이 세상에서 '너희'가 사명을 가지고 있다고 하셨습니다. 이는 곧 제자들의 사회적 책임을 의미하며, 예수님은 그것을 '세상의 소금'과 '세상의 빛'으로 말씀하셨습니다.

'세상'은 부패하기 쉽고 어둡습니다. 세상에 대한 그리스도인의 사명은 선한 영향력을 미쳐서 세상을 변화시키는 것입니다. 세상을 변화시키기 위해서는 먼저 소금이 되고, 나중에 빛이 되어야 합니다. 소금은 성결한 삶이고, 빛은 선행을 의미합니다. 안에서 밖으로, 소금에서 빛으로, 존재에서 행위로 영향력을 확산시켜야 합니다. 무엇을 하기 전에, 무엇이 되어야 합니다. 그리고 소금의 보이지 않는 영향력은 빛의 보이는 영향력과 조화를 이루어야 합니다.

이처럼 그리스도인이 된다는 것은 세상에서 가장 소중한 존재가 되는 것입니다. 예수님은 오늘도 우리에게 말씀하십니다. "소금 통에서 나오라! 빛을 비추라!"

신앙생활의 사사화 극복을 위한 공동 기도문

우주와 만물의 창조주 하나님, 죄인인 우리를 구원해 주시고 하나님 나라를 위한 일꾼으로 불러 주신 은혜에 감사드립니다. 우리에게 초대 교회의 성령 충만을 허락하셔서 이 세상 모든 곳에 하나님의 은혜와 사랑을 전하게 하소서.

우리에게 주신 생명, 건강, 물질, 시간, 재능을 가정과 교회 울타리 안에서 우리의 유익만을 위해 머무르게 두는 우를 범하지 않게 하시고, 우리가 사명자로 보냄을 받은 이 시대, 이 사회로 흘려보내게 하소서. 우리가 소금 덩어리, 빛 덩어리가 아니라 세상의 소금, 세상의 빛이 되게 하소서. 세상이 우리의 성결한 삶과 선행을 통하여 하나님을 보고 하나님께 돌아오게 하소서.

신앙생활이 사적인 영역에만 머무르는 개인적인 것이 아니라, 공적인 영역에서 증명되는 믿음이 되게 하소서. 우리의 가정과 일터에서 주님께 하듯 섬기는 우리의 신앙의 생활화를 통하여 잃어버린 영혼들이 주님께 돌아오기를 간절히 바랍니다. 우리를 삶의 현장에 보내시고 그곳에서 귀하게 사용하여 주소서. 우리를 제자 삼으시고 세상으로 보내시는 예수님의 이름으로 기도합니다. 아멘.

요한계시록 3:20
볼지어다 내가 문밖에 서서 두드리노니 누구든지 내 음성을 듣고
문을 열면 내가 그에게로 들어가 그와 더불어 먹고
그는 나와 더불어 먹으리라

4장

친목 과다
신드롬

웨인 코데이로(Wayne Cordeiro)의 책 《세상을 가슴 뛰게 할 교회》
(예수전도단, 2012)에는 신학자 데오도르 웨델(Theodore Wedel)의 다음
과 같은 이야기가 나옵니다.

파선 사고가 빈번하게 발생하는 위험한 해안가에 작은 구조대가
있었다. 오두막에 불과한 건물에 배 한 척이 전부였지만 헌신적
인 구조대원들은 끊임없이 바다를 주시했다. 그러다 불의의 사
고로 목숨을 잃을 뻔했던 선원들을 구조하는 일로 방송과 신문에
그들의 헌신적인 구조 활동이 보도되면서 많은 성원과 자원자들
이 모이게 되었다.
    구출된 사람들과 지역 주민들이 구조대에 관심을 보이자, 그
들은 시간, 재정, 노력을 들여 헌신을 다했다. 새로운 배가 생기
고 대원도 늘어나면서 구조대는 날로 성장했다. 따라서 조직도
갖추고, 건물도 신축하고, 대원들의 처우를 위해서 개선해야 할

일도 많아졌다. 대원 중 일부는 건물이 낡고 제대로 갖춰진 게 없다며 불만을 터뜨렸다. 바다에서 구출된 사람들이 안정을 취할 수 있도록 공간을 좀 더 편안하게 만들어야 한다고 했다. 그래서 야전 침대를 푹신한 침대로 바꾸고, 건물 규모를 넓혔으며, 좋은 가구도 들여놓았다. 이제 구조대 건물은 회원들이 즐겨 모이는 사교 장소가 되었다. 그들은 내부를 고급스러운 클럽처럼 꾸몄다. 점점 구조하는 업무는 소홀해졌다. 그들은 구조선에 탈 대원들을 따로 채용했다. 구조에 관련된 물품으로 내부를 장식했다.

그러던 중 대형 선박이 파선하는 사고가 발생했다. 채용된 구조대원들은 물에 빠져 젖은 몸으로 떨고 있는 사람들을 구출해 왔다. 아름답게 꾸몄던 클럽은 아수라장이 되었다. 위원회는 급히 클럽 외부에 샤워 부스를 만들어서 구조된 사람들의 몸을 씻기고, 그런 다음에야 클럽 안으로 들어오도록 했다.

이후에 열린 회의에서 회원들 간에 의견이 분분했다. 클럽의 사교 활동에 방해만 되고 불쾌하기까지 한 구조 활동을 중단하자는 주장이 대부분이었다. 일부 회원들은 구조 활동이 클럽의 본래 목적이며, 클럽의 이름이 여전히 "구조대"라는 점을 강조했다. 하지만 의결에 부쳐진 결과, 파선당한 사람들의 목숨을 구하고 싶은 사람들이 따로 나가 구조대를 세우는 쪽으로 결론이 났다. 그래서 새로운 구조대가 결성되었다.

그런데 세월이 흘러 새로운 구조대 역시 똑같은 일을 겪었다. 구조대는 클럽이 되었고, 또 다른 구조대가 세워졌다. 그래서 오늘날 이 지역에 가면 해안가를 따라 세워진 수많은 사교 클럽을 발견할 수 있다. 그러는 사이에도 그곳에서는 여전히 파선 사고로 많은 사람이 목숨을 잃고 있다.[1]

이 이야기는 오늘날 교회의 모습을 그대로 반영합니다. 많은 사역자와 교회 리더들이 영혼 구원의 열정을 가지고 열악한 환경 속에서 개척 교회를 세웁니다. 그렇게 시작한 교회가 크게 부흥하게 되면, 그 결과 자연스럽게 건물을 짓게 됩니다. 여기에 그치지 않고 그 건물을 통해 점차 중대형 교회가 되어 가고, 기득권 세력으로 자리 잡음으로써 내부 지향적 교회로 변해 가게 됩니다. 초심을 잃었다며 이에 반발하는 일단의 사람들이 또다시 그 교회를 뛰쳐나가 새로운 개척 교회를 세우게 됩니다. 이 패턴이 그동안 한국 교회에서 반복되었던 현상입니다.

물론 교회가 건물을 소유하는 것이 잘못은 아닙니다. 다만 그 건물을 중심으로 정치와 기득권에 매몰되고 외부로 향한 동력이 떨어지면 복음의 본질에서 이탈할 위험이 커집니다.

교회의 올바른 교제

물론 성도의 교제는 교회에 꼭 필요한 요소임에 틀림없습니다. 교회의 본질적인 사역에는 예배와 기도, 전도와 선교, 구제와 봉사, 교육과 양육, 그리고 교인들 간의 교제가 있습니다. 이 중 교제(코이노니아)는 본래 '공통의 것을 나눈다'라는 뜻으로, 예수 그리스도를 중심으로 하나님의 백성이 서로 생명을 나누는 것을 의미합니다.

박해받는 상황에서 기록된 요한의 문서들(요한복음, 요한일서, 요한이서, 요한삼서)은 모두 '사랑의 사귐'을 강조하고 있습니다. 요한은 "서로 사랑하라"라고 권면하면서 형제를 사랑하지 않는 것을 하나님을 사랑하지 않는 것으로 간주하기도 했습니다. 박해의 시대에 친교는 교회의 보호막으로서 신앙을 유지하고 활성화하는 기름 역할을 했습니다. 사랑의 친교로 하나 된 공동체는 세상의 핍박을 견뎌 내며, 세상에 그리스도를 증거합니다. 적절한 친교는 목회자와 교인들의 심신에 휴식을 주고, 재충전의 기회가 되고, 더 나아가 교회를 부흥시키는 데 일익을 담당합니다.

초대 교회가 유대인의 회당과 구별되어 교회가 된 것은 바로 성도의 교제 때문이었습니다. "믿는 사람이 다 함께 있어"(행 2:44상). "모든 물건을 서로 통용하고"(44절 하). "재산과 소유를 팔아 각 사람의 필요를 따라 나눠 주며"(45절). "날마다 마음을 같이하여 성전에 모이기를 힘쓰고"(46절 상). "집에서 떡을 떼며 기쁨과 순전한 마음으로 음식을 먹고"(46절 하). 친교의 결과는 놀라웠습니다. "하나님을 찬미하며 또 온 백성에게 칭송을 받으니 주께서 구원받는 사람을 날마다 더하게 하시니라"(47절).

그런데 오늘날 우리 교회에서 이루어지는 친교의 모습은 어떻습니까? 우리의 모임이 사람들에게 칭송을 받지 못하고, 오히려 지탄을 받고 있지는 않습니까? 우리의 사귐이 과연 초대 교회처럼 '구속적인 사귐'(redemptive fellowship)이 되고 있습니까? 답은 회의적일 듯합니다.

코로나19 상황에서 교회의 가장 큰 어려움 중 하나는 예배 후에 나누는 성도의 교제를 갖지 못하는 것입니다. 예배는 충분한 거리 두기와 비대면 온라인 예배를 통해 어느 정도 안정을 찾았지만, 감염의 위험이 큰 식사와 교제는 불가하기 때문입니다. 그래서 친밀한 교제가 중심이 되는 교회 행사와 소그룹 모임이 코로나19로 인해 약화되었습니다. '모이기를 힘쓰는' 우리 그리스도인들에게는 안된 일이지만, 다수의 사람들의 친밀한 모임은 바이러스가 침투하기에 좋은 환경을 만들 수밖에 없습니다.

이런 이유로 다른 종교보다 기독교가 코로나19에 더 큰 타격을 입었습니다. 아무리 화상으로 '온택트'(ontact)하더라도 비대면 모임은 상대적으로 교인들의 응집력과 소속감을 약화시켰으며, 교인 관리와 돌봄에 많은 어려움이 따르게 되었습니다.

이런 현실적 문제 때문에 일부 교회에서는 무리해서라도 모임을 갖고자 하고, 외부에서는 이것을 교회의 집단 이기주의로 비판하는 일도 있었습니다. 이런 일은 공교회성보다 개교회주의를 강조하는 교회에서 더 빈번하게 발생하고 있습니다. 또한 이것이 교회를 폐쇄적인 집단으로 보이게 만들어 교회가 세상으로부터 더욱 고립되는 결과를 초래했습니다. 교회에서 발생한 대부분의 감염은 예배 시간보다는 친교 시간에 발생했기에 코로나19 상황 속에서는 기존의 교제 방식에 대한 근본적인 고민이 필요했습니다.

폐쇄적 교제의 위험성

사회윤리신학자 에른스트 트뢸치(Ernst Troeltsch)는 《기독교 교회의 사회적 가르침》(*The Social Teaching of the Christian Churches*)에서 교회의 역사 전체를 다음과 같은 형태의 반복으로 규정했습니다. '종파 유형'(sect type), '교회 유형'(church type), '신비주의 유형'(mystic type)이 상호 순환한다는 것입니다. 그는 "언젠가 제도적 교회의 구속에서 벗어나 자유로운 신앙의 길을 모색하고, 제도 교회가 안기는 무거운 짐을 받아들이며 신앙생활 하는 형식이 절대적 신앙의 기준이 아니라는 것을 알게 되면 새로운 신비적 신앙을 가질 것"이라고 예견했습니다.

트뢸치의 3가지 유형을 리처드 니버는 《그리스도와 문화》에서 5가지 유형으로 확대했는데, 니버에 따르면 각각의 유형은 모두 문제점을 가지고 있습니다. 정도의 차이는 있지만, 각 유형의 공통적 문제점은 성도의 교제가 자기 집단 '안으로' 고착화된다는 것입니다. 이렇게 되면 교회의 공교회성이 약화될 뿐 아니라 확장성이 떨어지며, 교회의 사회적 책임이나 사회적 영향력도 저하됩니다.

그리스도인이 세상을 변화시키는 성도가 되기 위해서는 성도의 교제가 창조적이고 역동적이며 열린 것이어야 합니다. 하지만 그렇지 못한 경우가 많았고, 그래서 교회의 새로운 유형이 끊임없이 모색되었던 것입니다.

교회의 교제가 잘못될 때 나타나는 문제점 중 한 가지는 교제의 폐쇄성입니다. 교회의 폐쇄성 문제를 잘 보여 주는 예가 있습니다. 한 흑인이 여행 중에 주일이 되어 예배를 드리고자 가까운 큰 교회를 찾아갔습니다. 그런데 안내 중이던 한 교인이 "당신은 이 교회에서 예배드릴 수 없습니다!"라고 하며 그의 앞을 가로막았습니다. 이유를 묻는 흑인에게 그 교인이 대답했습니다. "당신은 흑인이기 때문입니다." 흑인이 "그래도 저는 예배를 드리고 싶어요"라고 답하자 그 교인은 "안 됩니다"라고 단호하게 말했습니다. 눈물까지 흘리며 간청했지만, 안내 위원이던 그 교인은 끝내 그를 들여보내 주지 않았습니다.

결국 교회에 들어가지 못한 흑인은 낙심하여 교회 계단에 앉았습니다. 얼마나 지났을까요. 몸과 마음이 지쳐 있던 그는 깜빡 잠이 들었습니다. 그런데 꿈속에서 하나님이 나타나셔서 그에게 물으셨습니다. "너는 왜 거기에 있느냐?" 그러자 흑인이 하소연했습니다. "하나님! 저는 이 교회에서 예배를 드리고 싶은데 저를 막아서는 자 때문에 들어가지 못했습니다." 하나님이 그에게 나지막한 목소리로 말씀하셨습니다. "나도 이 교회에 들어간 적이 없단다."

본질을 잃어버린 교제: 친목

안타깝게도 한국 교회 성도의 교제는 '친교'의 단계를 지나쳐 '친목' 단계로 넘어간 것으로 보입니다. 본래 '친목'(親睦)이란 단어는 '서로 친하여 화목함'이라는 좋은 의미를 가지고 있지만, 작금의 한국 교회의 잘못된 교제를 묘사할 적당한 어휘가 없어 부득이하게 '친목'이란 단어를 사용합니다.

오늘날 한국 교회의 교제는 주님 중심의 교제가 아닌, 사람 중심의 친목이 되어 버렸습니다. 연중 교회 행사들을 전수 조사해 보면 친목 성격의 행사가 얼마나 많은지 알 수 있습니다. 각종 체육대회, 전도회 모임, 수련회, 수양회, M.T., 리트릿, 선교 여행 등 다양한 이름으로 불리는 활동들이 엄밀히 따져 보면 모두 친목 활동입니다.

교회에서 친목 모임이 전도 모임보다 더 많다는 사실은 충격적입니다. 남녀 '전도회'라는 명칭도 무색합니다. 과거에 남녀 전도회는 모여서 전도 활동을 활발하게 벌였지만, 오늘날에는 친목을 도모하는 사교 모임이 되어 버렸습니다. 과다한 친목 활동은 교회 재정에도 큰 부담을 주고 있습니다.

친목의 문제는 목회자들도 예외가 아닙니다. 교단이나 지방회(노회)의 각종 친목 활동을 위해 대형 교회나 지교회에 찬조금을 요청하는 일이 비일비재합니다. 목회자들이 이런 모임에 다 참여하려면 목회와 목양에 할애할 시간이 거의 남아나지 않을 것입니다. 심지어 목회자 연수, 임원 교육 등 각종 명목으로 국

내외 여행을 다녀오기도 합니다. 이는 결코 하나님이 기뻐하시는 일이 아닙니다.

교회에서의 친목 활동이 전도와 선교, 교육과 양육보다는 수고도 덜하고 호응도 좋은 것은 사실입니다. 하지만 쉬운 일이나 사람들이 좋아하는 일이 반드시 중요하고 필요한 일은 아닙니다. 꼭 필요한 일, 소중한 일을 위해 때로는 즐거운 일로 달려가는 발을 통제할 수 있어야 합니다. 목회자가 친목 모임에 너무 자주 참석하게 되면 목회 활동에 전념할 시간과 에너지가 고갈됩니다. 선한 싸움을 싸우고 달려갈 길을 마치기 위해서는 친목이나 취미 활동을 절제해야 합니다.

오늘날 우리는 친목 활동에 너무 많은 시간과 에너지를 쏟고 있는 것은 아닌지 스스로 점검해 봐야 합니다. 우리 교회가 친목 활동에 과도하게 인력과 시간과 재정을 투입하고 있는 것은 아닌지, 우리 지방회와 교단 안에 교인들을 동원하는 행사가 너무 많은 것은 아닌지 돌아봐야 합니다. 어떤 행사나 모임을 할 때는 과연 이 일이 꼭 필요한 일인지 검토하고 진행해야 합니다.

아이러니하게도 코로나19 상황이 이런 모임들을 우선순위에 따라 정리할 수 있는 기회가 되었습니다. 코로나19로 많은 행사가 취소되니, 오히려 교회 재정의 건전성이 회복되었습니다. 이번 기회에 우리 신앙생활의 거품을 제거하고 신앙의 본질로 돌아가야 할 것입니다.

참된 교제의 중심: 예수 그리스도

요한계시록에는 소아시아 일곱 교회에 주님이 보내신 편지가 기록되어 있습니다. 그중 제일 마지막이 라오디게아 교회에 보내신 서신입니다(계 3:14-22). "볼지어다 내가 문밖에 서서 두드리노니 누구든지 내 음성을 듣고 문을 열면 내가 그에게로 들어가 그와 더불어 먹고 그는 나와 더불어 먹으리라"(계 3:20). 이 말씀은 그 당시 라오디게아 교회뿐 아니라 문이 닫혀 있는 오늘날 교회를 향한 말씀이기도 합니다.

예수님은 교회 문밖에 계십니다. 예수님도 못 들어가시는 교회입니다. 주님은 밖에서 계속 문을 두드리고 계십니다. 우리끼리 친목을 다지느라 주님이 문을 두드리시는 소리가 들리지 않습니다. 예수님이 없는 교회의 사귐이 무슨 의미가 있겠습니까. 지금 우리의 모습을 이 말씀에 비추어 보아야 합니다. 주님을 문밖에 세워 두고 자신들끼리 친목계를 하는 라오디게아 교회는 회개해야 합니다. 예수님을 모시고 예수님과 함께 식탁 교제를 나누어야 합니다. 오직 예수 그리스도 안에만 생명과 구원이 있기 때문입니다.

사도행전 12장에는 감옥에 갇혀 있던 베드로가 하나님의 도우심으로 탈옥하는 장면이 나옵니다. 바로 그 순간, 교회는 베드로를 위해 간절히 기도하고 있었습니다. 그들의 기도가 하늘에 상달되어 하나님이 천사를 보내셔서 베드로를 구원하신 것입니다.

풀려난 베드로는 마가의 집으로 달려가 문을 두드렸습니다. 로데라는 여자아이는 베드로의 음성을 알아들었지만, 기쁜 나머지 문을 열지도 못한 채 집 안으로 들어가 버렸습니다. 여전히 기도에 열심인 사람들에게 베드로의 도착을 알렸지만, 그들은 믿지 못했습니다. 오히려 여자아이가 미쳤다고 수군거렸습니다. 기도했으면 문을 열어 놓고 밖으로 나가 기다려야 합니다. 그렇지 않으면 응답이 와도 모를 수 있습니다. 기도의 응답이 바로 문밖에 와 있습니다.

마가의 집에 모인 이들의 모습에서 우리끼리만 교제하는 오늘날 그리스도인들의 모습이 보입니다. 더 이상 문을 닫고 우리끼리만 모여 있어서는 안 됩니다. 그것이 기도 시간, 친교 시간이라도 말입니다.

진정한 교제는 주님을 중심으로 하는 교제입니다. 엠마오로 내려가던 제자들을 통해 이를 알 수 있습니다(눅 24:13-35). 예루살렘에서 엠마오로 내려가는 약 10km 동안 두 제자는 유월절 기간 예루살렘에서 일어난 일에 대해 이야기하고 있었습니다. 그런데 그들도 모르는 사이에 예수님이 동행하셨습니다. 예수님 이야기를 하면 예수님이 함께하십니다. 예수님은 자신의 이야기에 관심이 많으시기 때문입니다. 예수님이 말씀하실 때 그들은 왠지 가슴이 뜨거워지기 시작했습니다. 예수님의 말씀이 낙심하여 슬픔에 잠겨 있던 그들에게 위로를 주고 소망과 능력을 공급했기 때문입니다.

엠마오에 도착한 그들은 예수님을 집 안으로 청하여 식탁을 차리고 음식을 대접했습니다. 마치 예수님이 그 집의 주인인 것처럼 떡을 떼어 축사하시고 나누어 주실 때 그들은 비로소 눈이 밝아져 부활하신 예수님을 알아볼 수 있었습니다. 식탁의 교제, 성도의 교제를 통해 예수님을 알아보게 된 것입니다. 예수님을 중심으로 한 참된 교제는 그들은 다시 예루살렘으로 이끌었습니다. 그들은 다른 제자들을 만나 부활하신 예수님을 증언했습니다. 그때 부활하신 예수님이 그들에게 다시 나타나셨습니다.

올바른 교제의 목적: 흩어지는 교회

온전한 성도의 교제는 주님과 교제를 나눈 뒤에 그 은혜에 힘입어 다시 세상 속으로 들어가는 것입니다. 변화산 체험을 한 뒤에 예수님께 초막 셋을 짓고 그곳에 머물러 살 것을 제안했던 베드로의 모습에서 우리의 모습을 보게 됩니다. "베드로가 예수께 여쭈어 이르되 주여 우리가 여기 있는 것이 좋사오니 만일 주께서 원하시면 내가 여기서 초막 셋을 짓되 하나는 주님을 위하여, 하나는 모세를 위하여, 하나는 엘리야를 위하여 하리이다"(마 17:4). 예수님은 '산 위의 체험'은 '산 아래의 삶'을 위해 필요한 것임을 가르쳐 주시고 제자들을 데리고 산을 내려오셨습니다.

그러나 오늘날 우리는 기어코 '산 위의 종교'를 만들었습니다. 실제로 변화산에 가면 가톨릭 프란체스코수도원 예배당을 지어 놓고 예수님, 모세, 엘리야를 위한 방을 만들어 놓았습니다. 그런데 우리는 예수님, 모세, 엘리야를 위한 방뿐 아니라 남전도회, 여전도회, 권사회, 안수집사회, 장로회 등의 방을 많이 만들었습니다. 신자들은 대부분의 시간을 교회에서 보내며, 신자들이 드린 헌물도 대부분 교회 안의, 교회를 위한 모임과 행사에 사용됩니다. 더 나아가 지방회나 총회 차원에서도 여러 연합회를 만들어 대규모 연합 행사들을 치릅니다.

상황이 이렇다 보니 직분이라도 맡게 되면 가정과 사회에서 보낼 시간이 없어집니다. 우리끼리 모이는 모임만 많아지고 있는 것입니다. '세상의' 소금과 '세상의' 빛이 되지 못하고, 소금 덩어리 혹은 빛 덩어리로만 존재하는 교인들이 많아지고 있습니다. 교회 일로만 바빠서는 안 됩니다. 교회 일이 다 하나님의 일은 아닙니다. 청년들과 교사들을 교회 안에만 머무는 거룩한 백수로 만들어서는 안 됩니다. 그들은 사역의 도구가 아니라 사역의 대상입니다.

사도행전 1장 8절과 8장 1절을 비교해 보면 재미있는 사실을 발견할 수 있습니다. 앞에서는 예수님이 "오직 성령이 너희에게 임하시면 너희가 권능을 받고 예루살렘과 온 유대와 사마리아와 땅끝까지 이르러 내 증인이 되리라"(행 1:8)라고 말씀하셨습니다. 그런데 시간이 흘러 뒤에서는 이런 표현이 나옵니다. "그날에 예루살렘에 있는 교회에 큰 박해가 있어 사도 외에는

다 유대와 사마리아 모든 땅으로 흩어지니라"(행 8:1).

두 말씀 모두 예수님의 선교 명령과 관련이 있고, 거론된 지역도 동일합니다. 예루살렘, 유대, 사마리아, 그리고 땅끝입니다. 그런데 선교의 동력이 다른 것을 보게 됩니다. 사마리아와 땅끝까지 나아가는 선교의 동력이 1장에서는 '성령'이었다면, 8장에서는 '박해'입니다. 왜 이렇게 달라졌을까요? 성령이 임하셨는데도 인도하심을 따라 나가지 않으니, 교회를 흔들어도 흩어지지 않으니 성도들에게 박해가 임한 것입니다. 하나님은 박해를 통해 그들이 흩어져 선교하게 만드셨습니다.

성령의 인도하심에 순종하여 나갈 수도 있고, 박해받고 흩어져 전도할 수도 있습니다. 전자를 선택해야 합니다. 성령의 인도하심을 따라 자발적으로 흩어져서 선교해야 합니다.

교회는 '모이는 교회'이면서 동시에 '흩어지는 교회'가 되어야 합니다. 코로나19는 흩어지는 교회를 연습하게 합니다. 교회에 모이지 못할 형편이라면 있는 곳을 교회로 만들어야 합니다. 교회는 본질적으로 '움직이는 교회'입니다. 움직이지 않으면 죽습니다. 고여 있으면 썩는 것입니다. 교회 중심, 목회자 중심의 신앙에서 벗어나야 합니다.

초대 교회는 가정에서 시작되었습니다. 내 가정이 교회이고, 나 자신이 교회라는 인식을 가져야 합니다. 초대 교회가 예루살렘 교회에 모이기만을 힘쓸 때 박해가 일어났습니다. 박해로 인해 교회는 흩어졌고, 각 지역에 교회가 세워졌고, 결과적으로 복음의 확장을 가져왔습니다.

예루살렘 사도들이 구습에 매여 적극적으로 복음을 들고 나가지 않으니, 하나님은 이방인의 사도로 바울을 부르셨습니다. "가라 이 사람은 내 이름을 이방인과 임금들과 이스라엘 자손들에게 전하기 위하여 택한 나의 그릇이라"(행 9:15). 사도행전 10장에 나오는 백부장 고넬료의 회심 사건을 계기로 유대계 기독교의 대표자 베드로도 큰 깨달음을 얻게 되었고, 교제의 범위를 이방인에게까지 넓히게 되었습니다.

교회는 방주가 아닌 구조선

다 그런 것은 아니지만, 교회의 제자 훈련이나 양육 프로그램들은 과정을 거듭하면서 신자를 교회에 묶어 두는 경향이 있습니다. 예수님의 제자가 아니라, 목회자의 제자나 교회만의 일꾼을 만듭니다. 세상을 향해 나아가지 못하고, 도리어 세상과 단절되는 것입니다. 세상과 단절되어서는 세상을 변화시킬 수 없습니다.

예수님의 제자 훈련 방식은 현장에서 삶으로 보여 주시는 것이었습니다. 이론이 아니라 실전입니다. 기본기를 알려 주고 현장에서 스스로 터득하도록 해야 합니다. 진정한 제자 훈련은 교회 안의 프로그램이어서는 안 됩니다. 교회 회원으로만 묶어 두는 것이 아니라, 하나님의 자녀로서의 삶을 살게 해야 합니다.

신앙의 야성을 잃어버려서는 안 됩니다.

심지어 은혜를 받아 신학교에 진학했는데, 신학교에 오래 머무는 동안 구령의 열정을 잃어버리는 경우도 있습니다. 유진 피터슨(Eugene Peterson)은 "목회자로 부름 받은 자들이 끊임없이 직면하는 위험은 자신의 역할에 충실한 나머지, 직업적인 종교인이 되어 차츰 영적인 생활을 영위하지 못하게 되는 것이다"라고 지적합니다. [2]

교회를 방주의 이미지로 생각하는 사람들이 있습니다. 일견 타당한 생각입니다. 방주는 하나님이 죄악으로 찌든 세상을 심판하실 때 유일하게 생명을 부지할 수 있는 도피처였습니다. 그런 의미에서 교회가 방주의 역할을 감당해야 할 때도 있습니다. 하지만 역동성이라는 관점에서 보면, 교회는 방주여서는 안 됩니다. 방주는 폐쇄된 공간으로, 방향타나 엔진이 없이 파도에 휩쓸려 다니는 부유물입니다. 더 이상 외부에서 들어올 수 없는 닫힌 공간이며 목적지 없이 떠다니는 것입니다.

교회는 결코 도피성이나 유람선이 되어서는 안 됩니다. 교회는 세상을 구하는 전진 기지 혹은 구조선이 되어야 합니다. 신자는 교회의 현재이고, 비신자는 교회의 미래입니다. 신자들끼리 교회에 모여 있기만 한다면 교회의 미래는 없을 것입니다. 교회는 끊임없이 전선을 향해 진격해서 인질을 구해 내는 전투함이자 구원선이 되어야 합니다.

///////

코로나19라는 전대미문의 감염병으로 인해 우리는 큰 값을 치르고 귀한 교훈을 얻었습니다. 교회와 지방회와 총회에서 기존의 행사와 모임 대부분을 취소하고도 얼마든지 신앙생활이 가능하다는 것을 알게 되었습니다. 바쁘게 다니던 행사가 줄어드니 오히려 본래적 사명에 시간과 물질을 쓸 수 있었습니다. 교인들이 교회에 모이지 못해 헌금은 다소 줄었어도, 행사로 지출되던 재정이 절약되어 오히려 재정 건전성이 향상되었습니다.

이제는 본질적인 것에 주목하고 본질에 목숨을 걸어야 할 때입니다. 교제는 좋은 것이지만, 교인만을 위한 친목이 되어서는 안 됩니다. 예수 그리스도와 그분의 가르침이 중심이 되는 참된 교제에 눈을 떠야 합니다.

친목 과다 신드롬 극복을 위한 공동 기도문

사랑의 하나님, 우리에게 아름다운 가정과 믿음의 공동체를 허락하여 주셔서 감사드립니다. 하나님의 풍성한 은혜, 예수님이 주신 생명을 나누는 거룩한 사귐이 성도의 가정과 교회 안에서 이루어지게 하소서. 교회 안의 성도의 교제를 통하여 더욱 풍성한 주님의 생명을 경험하게 하시고, 서로 위로하며 격려하여 세상을 이길 힘을 얻게 하소서.

성도의 사귐이 서로를 향한 섬김과 나눔과 돌봄, 그리고 복음 전파로 이어지게 하소서. 그러나 우리가 세상을 피하여 우리끼리 모여 행사하는 일에 바쁘지 않게 하소서. 우리의 사귐이 세상을 향해 나아가기 위한 것이 되게 하시고, 모이면 기도하고 흩어지면 전도하는 삶을 살게 하소서.

교회 안에 안주하고 성을 쌓는 모임이 아니라, 세상으로 나가는 길을 닦는 모임이 되게 하소서. 우리의 한정된 시간과 물질과 인적 자원을 우리 스스로의 모임을 위해서 다 쓰지 않게 하시고, 서로를 도우며 세상을 변화시키는 데 쓰게 하소서. 우리의 모임이 세상 사람들처럼 자기만족과 세상 자랑을 위한 친목 모임이 되지 않게 하소서. 관행적으로 모이는 모임이 되지 않게 하소서. 우리의 사귐의 중심 되시는 예수님의 이름으로 기도합니다. 아멘.

마태복음 20:8-16
8 저물매 포도원 주인이 청지기에게 이르되 품꾼들을 불러
나중 온 자로부터 시작하여 먼저 온 자까지 삯을 주라 하니
9 제십일시에 온 자들이 와서 한 데나리온씩을 받거늘
10 먼저 온 자들이 와서 더 받을 줄 알았더니
그들도 한 데나리온씩 받은지라
11 받은 후 집 주인을 원망하여 이르되
12 나중 온 이 사람들은 한 시간밖에 일하지 아니하였거늘
그들을 종일 수고하며 더위를 견딘 우리와 같게 하였나이다
13 주인이 그중의 한 사람에게 대답하여 이르되 친구여 내가 네게
잘못한 것이 없노라 네가 나와 한 데나리온의 약속을 하지 아니하였느냐
14 네 것이나 가지고 가라
나중 온 이 사람에게 너와 같이 주는 것이 내 뜻이니라
15 내 것을 가지고 내 뜻대로 할 것이 아니냐
내가 선하므로 네가 악하게 보느냐
16 이와 같이 나중 된 자로서 먼저 되고 먼저 된 자로서 나중 되리라

5장

공로자
신드롬

필립 얀시(Philip Yancey)는 《놀라운 하나님의 은혜》(IVP, 2020)에서 우리가 진정으로 하나님의 은혜를 알고 있는지, 그리고 진정으로 믿으며 살고 있는지에 대해 묻습니다. 얀시는 "교회요? 거긴 뭐하러 가요? 그러잖아도 비참해 죽겠는데. 가면 그 사람들 때문에 더 비참해질 거예요!"라는 한 창녀의 말에 충격을 받아 이 책을 집필했다고 합니다.

그녀의 말은 교회에 다니는 사람들이 자신보다 대단하게 의로운 사람들이고, 따라서 그들 앞에 서면 자신이 주눅 들어 싫다는 의미였을 것입니다. 그러나 예수님은 오히려 이런 부류의 사람들을 환영하셨고, 그들은 예수님과 교제하면서 참된 치유와 평안을 얻었습니다. 이것이 은혜입니다. 우리 중 누가 그녀보다 더 낫다고 장담할 수 있겠습니까. 거룩하신 하나님 앞에 서는 모든 사람이 오십보백보일 것입니다. 하나님 앞에 의인은 없습니다. 단 한 사람도 없습니다. 따라서 우리는 모두 하나님의 은혜에 기대서만 살아갈 수 있습니다. 오직 은혜입니다(Sola Gratia).

이해할 수 없는 하나님 나라

예수님은 은혜에 대해 말씀하실 때 분석하거나 정의하지 않으시고, 이야기로 풀어 주셨습니다. 누가복음 15장에서 예수님은 '잃어버린 것에 대한 3가지 이야기', 즉 잃은 양, 잃은 동전, 잃은 아들의 비유를 말씀하셨습니다. 얼마나 중요하면, 대상을 더 중요한 것으로 바꾸어 가면서 동일한 취지의 이야기를 세 차례 반복해서 말씀하셨습니다. 가축인 양보다 돈인 드라크마가 더 가치 있고, 돈보다 아들이 더 귀한 것이 사실입니다. 양은 숫자 (quantity)에 대한 이야기이고, 드라크마는 가치(value)에 대한 이야기이고, 아들은 질(quality)에 대한 이야기입니다. 비중도 100분의 1, 10분의 1, 2분의 1로 점점 커집니다.

세 이야기 모두 공통적으로 잃어버린 슬픔, 다시 찾은 기쁨, 축하 잔치로 구성되어 있습니다. 구체적으로는 양을 잃은 목자, 드라크마를 잃은 여인, 아들을 잃은 아버지 이야기입니다.

이 비유들은 세상에서 흔히 있을 수 있는 이야기이면서도 세상의 상식으로는 이해가 되지 않는 점이 있습니다. 양 한 마리를 잃는 것은 있을 수 있는 일이고 안타까운 일입니다. 그러나 누가 잃은 양 한 마리를 찾기 위해 아흔아홉 마리 양들을 들에 두고 찾아 헤매겠습니까. 백번 양보하여 잃은 양을 찾았다 해도 자기 것을 도로 찾은 것이니 본전인 셈인데, 양을 잃어버렸다는 사실을 알지도 못하는 동네 사람들을 불러 모아 잔치까지 하다니, 배보다 배꼽이 더 크다고 할 수 있습니다.

그다음 이야기도 마찬가지입니다. 한 여인이 열 드라크마 중 하나를 잃었는데, 등불을 밝혀 집을 쓸면서 종일 동전을 찾는 것은 아무리 생각해도 비합리적이요 비효율적입니다. 여인의 일당이 얼마이며, 기름 값이 얼마인데, 시간도 비용도 낭비가 아닐 수 없습니다. 그리고 역시 자기 동전을 도로 찾은 것뿐인데, 잔치를 벌인다니 이해가 가지 않습니다.

아버지의 유산을 미리 요구한 작은아들의 이야기도 이상합니다. 당시 문화에서 유산을 미리 요구하는 것은 아버지가 빨리 죽기를 바라는 패륜이며 불효입니다. 결국 집을 나가 허랑방탕하게 살며 받은 유산을 탕진하고 돌아온 아들을 아버지는 품위도 저버린 채 달려가서 맞이했습니다.

게다가 제일 좋은 옷과 반지와 신발을 주고 잔치까지 벌였으니, 이것을 못마땅해하는 큰아들의 입장이 도리어 이해가 됩니다. "내가 여러 해 아버지를 섬겨 명을 어김이 없거늘 내게는 염소 새끼라도 주어 나와 내 벗으로 즐기게 하신 일이 없더니 아버지의 살림을 창녀들과 함께 삼켜 버린 이 아들이 돌아오매 이를 위하여 살진 송아지를 잡으셨나이다"(눅 15:29-30).

이 비유들은 본래 바리새인과 서기관들이 예수님이 세리와 죄인들에게 말씀을 전하시고 함께 음식을 드신 모습을 비난하는 상황에서 나왔습니다. 세상적인 기준에서, 선하고 훌륭한 선생님이라면 그런 식으로 행동해서는 안 된다는 비판입니다.

불의한 죄인과는 상종도 하지 말아야 하는데, 예수님은 그들을 영접하셨고 음식까지 함께 드셨습니다. 그들은 예수님의 이런 행동을 보면서 많은 불편함을 느꼈고 큰 반감을 갖게 되었습니다. 인간이 하나님께 나아가려면 의로움이라는 자격을 갖추어야 한다고 생각했기 때문입니다. 세상의 세계관, 유대교의 가치관으로 보면 예수님의 언행은 전혀 이해가 되지 않습니다. 잃은 아들의 비유에 나오는 큰아들의 말이 천 번 만 번 옳습니다. 이것이 세상에서 말하는 정의의 원리요, 공로의 원리입니다.

그런데 예수님의 이 비유들은 세상 이야기가 아닌, 하나님 나라의 이야기입니다. 그러므로 여기에는 하나님 나라 세계관이 들어 있습니다. 우리가 목자나 여인이나 아버지의 행동을 이해하지 못한다면, 이는 세계관 차이에서 기인합니다. 하나님 나라 세계관과 세상의 세계관이 충돌하고 있습니다.

세상에서는 적은 것과 많은 것, 낮은 것과 높은 것, 나쁜 것과 좋은 것의 차이가 분명하지만, 하나님의 나라는 양의 차이(1 대 99), 가치의 차이(1 대 10), 질의 차이(탕자 대 순종하는 아들)를 초월합니다. 하나님 나라는 오히려 적은 것, 낮은 것, 죄인에 대한 관심이 지대합니다. 이것이 은혜입니다. 은혜는 무자격, 불공평, 과분함이 특징입니다. 은혜를 모르면 정말 이해할 수 없는 이야기입니다.

포도원 주인의 기이한 행동

이해되지 않기는 마태복음 20장에 나오는 포도원 품꾼의 비유
도 마찬가지입니다. 당시 일을 찾는 품꾼들은 많고 일은 적으니
자연히 인력 시장이 형성되었고, 고용주는 그날그날 제일 좋은
노동력을 일당으로 썼습니다.

비유에서 포도원 주인이 품꾼을 구했습니다. 포도원 일은 이
른 아침 6시에 시작되었습니다. 6시에 포도원에 고용된 사람들
은 일당으로 당시 통용되는 1데나리온을 받기로 하고 포도원에
들어갔습니다. 여기까지는 아무 이상한 점이 없습니다. 그런데
이후 일이 이상하게 진행됩니다.

하루에 필요한 품꾼들을 이미 아침 6시에 다 뽑아 포도원으
로 보냈는데, 주인은 아침 9시에 장터를 지나다가 그때까지 일
감을 찾지 못해 기다리고 있는 이들을 만났습니다. 그들은 아마
도 일을 별로 잘할 것 같지 않아 선택받지 못했을 것입니다. 하
지만 주인은 그들을 품꾼으로 써 주겠다고 추가로 불러 포도원
으로 보냈습니다. 그들은 흥정도 하지 못하고 그저 일자리를 주
는 것만도 감사하며 포도원으로 들어갔습니다. 이후 주인은 정
오, 오후 3시, 그리고 오후 5시에도 놀고 있던 품꾼들을 추가로
뽑아 일을 주었습니다.

오후 6시가 되어 모든 일이 끝났습니다. 주인은 이상하게도 먼저 온 품꾼들이 아니라 나중 온 품꾼들부터 임금을 주었습니다. 1시간밖에 일하지 않은 사람들이 돈을 제일 먼저 받게 된 것입니다. 그런데 더 놀라운 것은 1시간밖에 일하지 않은 자들이 받은 돈이 1데나리온이었습니다. 이 모습을 지켜보던 먼저 온 품꾼들은 자신들은 더 많은 일당을 받으리라 기대했을 것입니다. 그런데 결과적으로 주인은 모든 품꾼에게 동일하게 1데나리온씩을 지급했습니다.

아마도 아침 6시부터 일한 품꾼들의 불만이 가장 컸을 것입니다. 먼저 온 품꾼들은 불공평하다고 주인을 원망했습니다. "집 주인을 원망하여 이르되 나중 온 이 사람들은 한 시간밖에 일하지 아니하였거늘 그들을 종일 수고하며 더위를 견딘 우리와 같게 하였나이다"(마 20:11-12).

우리가 생각해도 참 이해할 수 없는 주인입니다. 이것은 세상의 관점에서는 매우 부조리하고 불합리한 사건입니다. 이 이야기도 하나님 나라의 관점에서 바라볼 때에야 비로소 이해할 수 있습니다. 누군가는 먼저 온 사람들이 온종일 게으름을 피우면서 빈둥빈둥 놀지 않았을까 추측하기도 합니다. 어떤 이는 마지막에 온 품꾼들이 감사한 마음에 더욱 열심히 일했을 것이라 말할지도 모릅니다. 그런데 성경 어디에도 그런 말은 없습니다. 세상의 상식으로는 이해가 되지 않으니 이런 추측을 하는 것입니다.

우리가 먼저 인정해야 할 것은 주인의 생각과 품꾼의 생각이 다르다는 점입니다. 하나님 나라는 세상과 다르고, 하나님의 생각은 우리의 생각과 다릅니다. 하나님 나라의 원리는 은혜의 원리이고, 세상의 원리는 공로의 원리입니다.

이처럼 하나님 나라에 대한 비유들이 우리에게 충격으로 다가오는 이유는 하나님 나라의 세계관과 우리의 세계관이 근본적으로 다르기 때문입니다. 우리는 공로의 원리를 따라 살아갑니다. 그것은 정의의 원리이기도 하고, 권선징악의 논리이기도 하고, 시시비비의 원칙이기도 하고, 본능과 상식의 원리이기도 합니다.

반면, 하나님 나라는 은혜의 원리를 따릅니다. 다른 종교와 달리 기독교가 증언하고 있는 진리는 다름 아닌 은혜입니다. 은혜를 제대로 이해하지 못하면 성경 말씀의 대부분을 이해할 수 없습니다. 성경에서 우리가 이해하지 못하는 것은 대부분 은혜와 관련된 것들입니다. 은혜는 무자격자에게 베푸는 과분한 것이기 때문에 때로는 불공정하고 불합리하게 보입니다.

원리의 충돌

우리가 사는 이 세상에는 3가지 원리가 혼재되어 있습니다. 첫 번째, 불의의 원리인 지옥의 원리가 있습니다. 두 번째, 정의의 원리인 세상의 원리가 있습니다. 세 번째, 은혜의 원리인 천국의 원리가 있습니다.

때로 우리는 불의한 일을 당하면서 지옥을 경험하고, 은혜를 받으면서 천국을 경험하기도 합니다. 그래서 세상에서 우리는 천국과 지옥을 오가면서 살고 있습니다. '잠시 경험하는 지옥도 이렇게 고통스러운데 절대로 지옥에 가지 말아야 하겠다'고 생각하고, '잠시 경험하는 천국도 이렇게 영광스러운데 반드시 천국에 가야 하겠다'는 생각도 하는 것입니다. 우리를 불의의 원리에서 정의의 원리로, 다시 정의의 원리에서 은혜의 원리로 끌어올리는 것이 복음입니다.

포도원 품꾼의 비유는 하나님 나라의 원리, 즉 은혜의 원리를 말하고 있습니다. 세상의 정의의 원리대로 하면 먼저 온 사람들만 1데나리온을 받고, 정오에 온 사람들은 2분의 1데나리온, 오후 5시에 온 사람은 12분의 1데나리온을 받아야 합니다. 이치에 맞는 것처럼 보이지만, 나중 온 품꾼들은 그 돈으로 연명조차 할 수 없을 것입니다. 이것이 세상이 말하는 공정입니다. 물론 임금을 체불하거나 노동력을 착취하는 불의한 지옥의 원리보다는 낫지만 충분하지 못합니다.

실제 삶에서 우리는 하나님 나라와 지옥을 번갈아 경험하며 살고 있습니다. 세상은 중간 지대로서, 하나님 나라와 지옥이 있다는 것을 우리에게 경험으로 가르쳐 줍니다. 하나님 나라는 죽어서만 가는 곳이 아닙니다. 참된 신앙생활은 이 땅에서도 하나님 나라를 앞당겨 경험하며 사는 것입니다. 실제적이고 구체적인 마음의 천국, 가정의 천국, 교회의 천국을 경험해야 합니다. 이것은 은혜로만 가능합니다. 은혜의 원리가 흐르는 곳이 바로 하나님 나라입니다.

은혜의 증인들

이를 우리 삶에 적용하면 우리가 현재 어디에 살고 있는지를 깨닫게 됩니다. 바리새인, 서기관, 큰아들, 먼저 온 품꾼 등은 정의의 원리를 내세우니 세상에 살고 있는 것입니다. 반면에 세리, 죄인, 작은아들, 나중 온 품꾼, 주인은 은혜의 원리 안에 살아가고 있으니 하나님 나라에 사는 것입니다.

성경의 많은 인물, 예를 들어 아브라함, 이삭, 야곱, 요셉, 모세, 다윗, 솔로몬, 베드로, 바울을 보면서 어떤 생각을 하게 됩니까? '그들은 참으로 위대했다!', '그들은 나와 비교할 수 없는 고귀한 삶을 살았다'라고 생각됩니까? 결코 그렇지 않습니다.

아브라함은 하나님의 약속을 기다리지 못하여 첩을 두었고, 거짓말로 아내를 누이라고 속인 사람입니다. 모세는 살인자였습니다. 다윗은 간음으로도 모자라 살인 교사를 하여 결국 남의 아내까지 빼앗은 파렴치한 사람이었습니다. 솔로몬은 강제 노역과 과도한 세금 부과 외에도 왕궁을 짓기 위해 백성을 착취했으며, 수천 명의 이민족 후궁을 두어 우상 숭배의 원인을 제공했습니다. 베드로는 예수님을 세 번이나 부인했고, 바울은 예수 믿는 사람들을 잡으러 다닌 인물입니다. 이것이 그들의 실상입니다.

이런 이야기를 하는 이유는 그들을 깎아내리기 위함이 아니라, 하나님의 은혜가 얼마나 큰지를 보여 주고자 함입니다. 은혜가 아니고는 그렇게 될 수 없는 사람들이었습니다.

예수님의 족보에 이름을 올린 여인들을 살펴보아도 마찬가지입니다. 시아버지인 유다에게서 쌍둥이 아들을 낳은 다말, 기생 출신 라합, 모압에서 온 젊은 과부 룻, 다윗에게서 솔로몬을 낳은 우리아의 아내 밧세바 등 이들의 면면을 돌아보면 모두 로열 패밀리의 족보에 어울리는 사람들이 아닙니다. 그래서 예수님의 족보는 은혜의 족보요, 은혜의 기록인 것입니다.

그들의 삶에서 하나님의 은혜를 제하면 아무것도 남지 않습니다. 그들이 위대한 것이 아니라 하나님의 은혜가 위대한 것입니다. 그들 모두는 하나님의 크신 은혜를 보여 주는 산 증인들입니다. 그래서 성경 읽는 것이 신이 납니다. 성경은 위인전이 아닙니다. 성경은 하나님의 은혜의 역사입니다. 부족하고 연약한 그들도 하나님의 은혜로 의롭고 복된 삶을 살았다면, 나라고 왜 안 되겠습니까.

은혜의 우월성

하나님의 은혜는 세상의 모든 죄보다 더 큽니다. 은혜가 해결하지 못할 죄는 없습니다. 구약 시대에는 인간의 죄를 대속하기 위해 짐승을 제물로 바쳐야 했습니다. 인간이 죽을 수 없으니까 나보다 덜 가치 있는 짐승을 대신 죽인 것입니다.

그런데 독생자 예수님이 짐승 대신 우리를 위해 속죄 제물이 되셨습니다. 죄를 지은 나보다 더 귀하신 분이 내 죄를 위해 죽으신 것입니다. 세상의 관점에서 보면 이것은 큰 낭비입니다. 그렇기 때문에 예수님의 대속은 우리의 죄를 다 속하고도 남습니다. 그래서 죄를 사할 뿐 아니라 의로운 삶을 살아갈 수 있는 힘까지 줍니다. 이것이 은혜입니다.

은혜의 원리를 따라 살겠습니까, 아니면 공로의 원리를 따라 살겠습니까? 답은 정해져 있습니다. 공로를 의지하는 것은 불타는 곳에서 지푸라기를 의지하는 것과 같습니다. 공로의 원리가 흐르는 곳이 세상이고, 은혜의 원리가 흐르는 곳이 하나님 나라입니다.

포도원 품꾼의 비유는 다음과 같은 말씀으로 마칩니다. "이와 같이 나중 된 자로서 먼저 되고 먼저 된 자로서 나중 되리라"(마 20:16). 은혜의 원리로 사는 사람은 나중에 믿었어도 먼저 되는 것입니다. 그러나 은혜로 시작한 자가 공로를 내세우면 나중이 되고 맙니다. 신앙생활을 하는 우리 중에 신앙 연조가 깊어지고 직분을 받게 되면 자신의 공로를 주장하는 경우가 많습니다. 은혜로 시작했다가 공로로 마치는 것입니다. 이것은 타락입니다. 하나님 나라는 은혜라는 사실을 잊어서는 안 됩니다.

빌리 그레이엄(Billy Graham) 목사님이 결혼 50주년에 아내에게

"여보, 그동안 얼마나 내가 미웠소?" 하고 물었다고 합니다. 이에 아내가 "아니요, 죽이고 싶었어요"라고 대답했답니다. 생각해 보면 부부도 은혜로 사는 것입니다. 만약 가정에서조차 은혜가 아닌 공로의 원리가 지배한다면 각박하고 숨 막히는 가정이 될 것입니다. 처음에 조건을 따져 가며 결혼했다면 공로의 원리로 결혼한 것입니다. 그러나 긴 결혼생활은 은혜로 해야 행복합니다.

가정에 불화가 일어나는 이유는 서로 자기가 옳다고 믿기 때문입니다. 각 가정의 이야기를 들어 보면 남편도 옳고, 아내도 옳고, 자식도 옳고, 다 옳습니다. 너무나 훌륭합니다. 그러나 문제는 해결되지 않습니다. 옳기는 하지만, 은혜가 없기 때문입니다. 우리에게는 옳은 것 이상의 무엇이 필요합니다. 그것이 은혜입니다.

공로주의의 한계

바리새인과 서기관 같은 율법주의자들에게는 예수님이 필요 없습니다. 그들에게는 모세의 율법이면 충분할 것입니다. 사실상 하나님도 필요가 없습니다.

율법주의가 나쁜 까닭은 율법을 완벽하게 지킬 수 없음을 알면서도 행위를 통해 의로워질 수 있다고 생각하는 교만과 위선 때문입니다. 이것이 바로 공로주의입니다. 이는 위로부터 아래로 임하는 방식이 아니라 아래에서 위로 올라가는 방식으로,

바벨탑을 쌓는 것과 같습니다. 인류 역사상 그런 방식으로 구원받은 사람은 없습니다. 자신의 능력과 노력으로 하늘에 올라갈 수 있는 사람은 아무도 없습니다. 대신 하나님이 우리에게 오십니다.

시시비비의 원리를 따라 사는 사람들은 교만한 마음으로 남을 정죄하고 항상 경쟁하는 삶을 살아갑니다. 합리적인 계산은 있지만, 무미건조한 생활입니다. 그들에게는 사랑의 하나님이 필요 없습니다. 하나님은 법대로 심판만 하시면 됩니다. 이에 대해 예수님은 "너희 의가 서기관과 바리새인보다 더 낫지 못하면 결코 천국에 들어가지 못하리라"(마 5:20)라고 말씀하셨습니다. 예수님이 말씀하신 '더 나은 의'란 자신의 공로가 아니라 바로 하나님이 주시는 은혜입니다.

세상에서 사람들이 말하는 의는 '상대적인 의'입니다. 그것이 구원의 기준이 될 수 없습니다. 구원은 상대 평가가 아니기 때문입니다. 14만 4,000명만 구원받는 것이 아닙니다. 하나님이 요구하시는 의는 '절대적인 의'입니다. 이 절대적인 의는 인간의 것이 아닙니다. 하나님께 속한 의입니다. 예수님을 통해 주어지는 절대적인 의만이 우리 인간을 구원할 수 있습니다. 그러므로 구원은 인간의 행위로 획득할 수 있는 것이 아니라, 은혜로 주어지는 것입니다.

모든 종교의 타락은 '공덕주의'에서 비롯됩니다. 공덕주의란 인간이 종교적 의무를 잘 이행함으로써 구원과 축복을 받는다는 입장입니다. 예수님은 구제나 기도, 금식 같은 신앙적인 덕목을 행할 때도 '자기 상'을 구하지 말고 '하나님(아버지)의 상'을 기대하라고 하셨습니다(마 6:1, 2, 5, 6, 16, 18). 세상에서 칭찬과 상을 다 받아 버리면 하나님께 받을 상이 없다는 뜻입니다.

그런데도 오늘날 교회는 구제, 기도, 금식, 선행, 헌신, 봉사, 성경 공부, 제자 훈련까지도 공로로 만들어 버렸습니다. 그래서 신자들은 자신의 금욕, 금식, 구제, 선행, 헌신, 수행 같은 것을 자랑스럽게 내세웁니다. 물론 이것들은 좋은 것임에 틀림없습니다. 그러나 이런 행위와 공로로 구원받는 것이 아닙니다. 공로주의에는 예수님도, 하나님도 계실 자리가 없습니다. 은혜는 공허한 구호로 전락하고 자신의 공로만 남게 됩니다. 공로의 원리는 세상의 원리이지, 하나님 나라의 원리가 아닙니다. 이는 세상에 속한 것이지, 하나님 나라를 사는 천국 백성의 삶이 아닙니다.

교회사를 보면, 주후 4세기경에 펠라기우스(Pelagius) 논쟁이 있었습니다. 펠라기우스는 인간의 노력으로 구원을 받는다고 주장했고, 반면에 아우구스티누스(Augustinus)는 오직 하나님의 은혜로만 구원받는다고 선언했습니다. 결국 펠라기우스는 이단으로 정죄되었습니다.

그런데 오늘날 신자들의 모습은 이론상으로는 아우구스티누스 편에 서 있으면서도, 실제 생활은 펠라기우스의 주장을 따라 사는 것처럼 보입니다. 말로는 믿음으로 구원을 받는다고 하지만, 실제로는 자신의 공덕을 내세우는 모습을 보게 됩니다. 처음 믿음생활을 할 때는 은혜를 중시하다가, 신앙 연조가 더할수록 자신의 공로를 자랑하는 것입니다.

종교개혁의 정신은 "오직 은혜로"(Sola Gratia)입니다. 이는 당시 타락한 가톨릭의 공로 사상에 반기를 든 것입니다. 그런데 개혁자들의 후손들인 우리가 다시 공로를 내세우고 있습니다. 이것은 종교개혁 정신에 역행하는 것입니다.

공로자 신드롬

목회자로 부름 받아 평생 선하게 사역을 마친 사람에게는 하나님의 칭찬과 상급이 예비되어 있습니다. "잘하였도다 착하고 충성된 종아"(마 25:21, 23). 하나님께 듣게 될 이 말씀 외에 무엇이 더 필요하겠습니까. 사도 바울은 "나는 선한 싸움을 싸우고 나의 달려갈 길을 마치고 믿음을 지켰으니 이제 후로는 나를 위하여 의의 면류관이 예비되었으므로"(딤후 4:7-8)라고 말했습니다.

아무리 성공적인 사역자도 하나님 앞에서 자랑하고 자만할 수 없습니다. 익은 벼가 고개를 숙이듯, 성공적으로 사역을 마친 자는 주 앞에 더욱 겸비하여 주님께만 영광을 돌리고 면류관을 벗어 주님의 발 앞에 두어야 합니다. "여호와여 영광을 우리에게 돌리지 마옵소서 우리에게 돌리지 마옵소서 오직 주는 인자하시고 진실하시므로 주의 이름에만 영광을 돌리소서"(시 115:1).

우리에게 기회를 주신 하나님께 감사하고, 감당할 능력을 주신 하나님께 영광을 돌려야 합니다. "명한 대로 하였다고 종에게 감사하겠느냐 이와 같이 너희도 명령받은 것을 다 행한 후에 이르기를 우리는 무익한 종이라 우리가 하여야 할 일을 한 것뿐이라 할지니라"(눅 17:9-10). 바울은 "그러나 내가 나 된 것은 하나님의 은혜로 된 것"(고전 15:10)이라고 고백했습니다.

하나님을 믿는 우리 모두는 자신에게 주어진 사명을 다하기 위해 최선을 다해야 합니다. 열과 성을 다해 주의 일에 매진해야 합니다. 하지만 그렇게 해서 사명을 완수했다고 해도 모든 일을 이루신 분은 우리가 아닌 하나님이심을 인정하며 겸손히 하나님께 영광을 돌려야 합니다. 그리할 때 주님이 우리가 기대하지 못한 과분한 상급을 우리에게 주실 것입니다.

그러나 불행히도 현실에서 은혜와 충성을 조화시키는 것은 쉬운 일이 아닙니다. 충성의 대가, 즉 성공 보수를 이 땅에서 받으려 할 때가 많습니다. 크고 위대한 일을 한 것은 자신이고, 따라서 자신은 합당한 대접을 받아야 한다고 생각합니다. 자신이 하나님 나라와 교회에 커다란 공로자라고 생각하는 것입니다.

한국 교회는 짧은 기간에 세계 교회사에서 유례없는 급속한 부흥과 성장을 이루었습니다. 여기에는 어렵던 시절, 자기 목숨과 가정까지도 내어 놓고 목회에 전념한 목회자들과 교회에 헌신한 리더들의 역할이 큽니다. 그분들께 감사하고 존경하는 마음을 표하는 것은 당연합니다.

그러나 한국 교회의 부흥을 오로지 그분들의 공로와 능력으로만 돌려서는 안 됩니다. 이는 힘으로 되지 아니하며 능력으로 되지 아니하고 오직 '하나님의 영', 즉 성령님의 힘으로 된 것이기 때문입니다(슥 4:6). 영광받으실 분은 하나님이시지, 사람이 아닙니다. 예수님은 "나를 떠나서는 너희가 아무것도 할 수 없음이라"(요 15:5)라고 말씀하셨습니다. 부흥의 주역들은 자신들을 그토록 귀하게 사용하신 하나님께 감사해야 합니다.

더구나 종교개혁의 중심 사상은 공로가 아닌 은혜입니다. 구원도 은혜로 받지만 모든 일도 은혜로 하는 것입니다. 은혜로 시작했다가 공로로 마치면 성령으로 시작했다가 육신으로 마치는 꼴입니다. 먼저 되었다가 나중이 되는 것입니다.

지금 한국 교회는 은혜를 공로로, 감사를 권리로, 직분을 지위로, 동역자를 경쟁자로, 사역을 사업으로, 헌신자를 주인공으로 변질시키고 있습니다. 이것이 '공로자 신드롬'입니다. 공로자 신드롬은 세상적으로 성공했다고 평가받는 목회자나 영적 리더들을 중심으로 나타납니다.

목회자와 영적 리더들은 자신이 이룬 결과물들에 대해 표면적으로는 하나님의 은혜와 능력 덕분이라고 말합니다. 그러나 눈에 보이지 않는 하나님 대신 자기 자신이 사람들의 감사와 존경을 모두 받고 권세와 명성과 부를 얻게 되면서 교만해집니다. 다른 사람들의 의견에 귀를 기울이거나 일의 결정을 위해 기도하며 심사숙고하기보다는 자신의 판단과 선호도를 따라 일하게 됩니다. 이런 방식으로 사람을 대하고 일을 하다 보면 자연히 실수가 따르게 되고, 심한 경우 죄를 짓기에 이릅니다.

그러나 더 큰 문제는 교인들 스스로 교회의 성공을 가져온 공로자로 여겨지는 목회자와 리더들의 실수와 죄를 축소하거나 덮기를 원한다는 데 있습니다. 한국 기독교의 많은 문제, 그중에서도 목회자의 일탈과 범죄가 연일 언론에 보도되고 있습니다. 그런데 상황을 자세히 들여다보면 해당 교회 대부분의 교인은 그 목회자의 죄가 드러나고 정당한 처벌을 받는 것에 대해 두려워하고 반대한다는 것을 알 수 있습니다.

소위 성공한 목회자는 은퇴하면서 교회에 자기의 지분을 요구하는 일이 많습니다. 그동안의 헌신에 감사하여 원로 목사로 추대하고 합당한 대우와 필요를 채워 드릴 수는 있습니다. 하지만 원로 목사가 교회에 계속 남아 신임 목사의 목회 활동에 지장을 초래하고, 새로운 일을 만들어서 자기를 지원하게 하고, 과도한 공로금을 요구하는 것은 고쳐야 할 폐단입니다.

교회를 개척하느라 수고하고 지금까지 교회를 성장시키는 데 헌신한 것은 인정하지만, 결국 그에 합당한 대가를 바라는 것은 주의 종이 할 일은 아닙니다. 그것은 세상의 일입니다. 그래서 작금의 한국 교회는 공로를 크게 세운 목회자들에 의해 크게 망가지고 있습니다. 미안한 말이지만, 과거 부흥의 주역들이 현재 교회의 걸림돌이 되고 있지는 않은지 돌아봐야 합니다.

때로는 안타까운 마음에 그들이 모세나 엘리야처럼 흔적도 없이 사라지면 차라리 좋겠다는 생각을 할 때도 있습니다. 사라지지 않고 오랫동안 계속 남아 있으면서 자신이 세웠던 모든 것을 허물고 있기 때문입니다.

하나님의 사람도 하나님이 쓰시는 시기가 있습니다. 드러날 때가 있으면 사라질 때도 있기에, 사람은 그 시기를 잘 분별해야 합니다. 과거의 명성과 업적을 평생 우려먹으려 해서는 안 됩니다. 다른 사람은 몰라도 '나는 그래도 된다'는 보상 심리는 일종의 특권 의식입니다. 자신만은 예외적인 경우로 여기고 스스럼없이 행동하고 특별한 예우를 요구하는 것입니다.

전쟁터에 항상 앞장서서 나갔던 다윗도 왕국이 안정되고 국력이 신장되어 무소불위의 권력을 갖게 되니, 초심을 잃고 특권 의식에 빠졌습니다. 부하 장수들의 아부에 출전도 포기하고, 남편 있는 여인임을 알았어도 '나는 그래도 된다'는 생각으로 밧세바를 범한 것입니다. 그동안 많은 공을 세웠으니까 '나는 그래도 된다'는 생각이 들어오면서 양을 치는 목자에서 양을 해치는 이리로 변질이 된 것입니다.

이렇게 되면 자신에게 주어지는 모든 것을 당연하게 여겨 감사함을 잊게 되고, 조금만 부족해도 자신을 제대로 대우하지 않는다는 서운함만 남게 됩니다. 이 얼마나 불행한 사람입니까.

사무엘처럼 은퇴할 수 있으면 좋겠습니다. 그의 은퇴사가 사무엘상 12장에 나옵니다. "내가 여기 있나니 여호와 앞과 그의 기름 부음을 받은 자 앞에서 내게 대하여 증언하라 내가 누구의 소를 빼앗았느냐 누구의 나귀를 빼앗았느냐 누구를 속였느냐 누구를 압제하였느냐 내 눈을 흐리게 하는 뇌물을 누구의 손에서 받았느냐 그리하였으면 내가 그것을 너희에게 갚으리라 하니"(삼상 12:3). 백성들은 모두 그런 일이 없다고 대답했습니다. 미스바의 부흥과 킹 메이커의 역할을 감당한 국부와 같았던 사무엘은 이렇게 퇴장했습니다.

그 후에 사무엘은 라마 나욧으로 물러가 기도에 힘쓰며 후진들을 양성하며, 다윗이 환난 중에 있을 때 찾아와 위로와 힘을 얻게 하고, 다윗을 잡으러 왔던 군사들이나 사울도 성령의 역사로 변화를 체험하게 하는 은혜의 사역을 감당했습니다.

할 수 있지만 하지 않는 윤리

오늘날은 과학 기술이 많이 발달하여 하고자 하면 못할 일이 없어졌습니다. 그래서 연구 단계에서부터 '할 수 있지만 하지 않는 윤리'가 요구됩니다. 예를 들면, 인간 유전자 조작, 인간 복제 같은 기술입니다. 미리 예측하고 막지 않으면 재앙을 피할 수 없습니다.

교회의 리더들, 특별히 담임 목사에게는 교회로부터 많은 권한과 역할이 주어집니다. 그러나 할 수 있다고 모든 것을 다 누려서는 안 되고, 준다고 다 받아서도 안 됩니다. '할 수 있지만 하지 않는 윤리'가 필요합니다. 바울도 "모든 것이 내게 가하나다 유익한 것이 아니요"(고전 6:12)라고 말했습니다.

하나님의 아들이신 예수님은 시험을 받으실 때 돌을 떡으로 만들 능력이 있으셨고, 얼마든지 성전 꼭대기에서 뛰어내리실 수 있었고, 세상 권력을 다 소유하실 수 있었지만 그렇게 하지 않으셨습니다. 하나님이 주신 능력을 자신을 위해 사용하지 않으신 것입니다. 목회자와 교회 리더들에게는 '할 수 있지만 하지 않는' 용기와 겸손이 필요합니다. 어떤 특권이나 대접도 복음 전파와 교회의 덕을 세우기 위해서라면 스스로 내려놓는 결단이 필요합니다.

바울은 분열 위기에 처한 고린도 교회를 향해 다음과 같이 권면했습니다. "어떤 이는 말하되 나는 바울에게라 하고 다른 이는 나는 아볼로에게라 하니 … 나는 심었고 아볼로는 물을 주었으되 오직 하나님께서 자라나게 하셨나니 그런즉 심는 이나 물 주는 이는 아무것도 아니로되 오직 자라게 하시는 이는 하나님뿐이니라"(고전 3:4-7). 이는 목회의 성패가 전적으로 사람이 아닌 하나님께 달렸다는 것을 선언한 것이며, 인간이 하나님의 공로를 가로채서는 안 된다는 점을 분명히 가르쳐 줍니다.

한국 기독교에 만연한 공로자 신드롬을 극복하기 위해서는 첫째, 목회자와 교회 리더들의 끝없는 자기 부정과 자기 부인이 요구됩니다(갈 2:20). 목회에 가시적인 성공이 뒤따라올 때 주변 사람들은 그 공로를 목회자나 몇몇 리더들에게 돌리고자 합니다. 아무리 좋은 의도로 감사와 칭송을 보내온다고 해도 목회자와 리더들은 그 모든 영광과 공로를 하나님께 돌려야 합니다. 말뿐 아니라 진심으로 그렇게 생각하고 행동해야 합니다.

둘째, 교회 성도들은 목회자와 영적 리더들에게 너무 의존하지 말고, 반드시 하나님과의 일대일 영적 관계를 정립해야 합니다. 신앙이 어리고 연약할 때는 목회자를 통해 말씀을 배우고 훈련받는 것이 필요합니다. 그러나 평생의 신앙생활을 특정 목회자에게 의존해서는 안 됩니다. 16세기 종교개혁으로 정립된 기독교 신앙은 '만인제사장직', 즉 모든 신자가 중재자 없이 하나님과 직접적인 관계를 가질 수 있다는 것입니다. 하나님 앞에서 각 개인이 건강하고 거룩한 영성을 키워 나갈 때 비로소 공로자 신드롬에서 자유로워질 수 있습니다.

변화시키는 힘: 은혜

은혜만이 사람을 변화시킬 수 있습니다. 율법은 사람을 정죄하지만, 은혜는 사람을 변화시킵니다. 간음하다가 현장에서 잡혀 온 여인을 생각해 봅시다(요 8:1-11). 율법은 그녀를 돌로 쳐 죽일 수는 있어도, 변화시킬 수는 없습니다. 그러나 예수님의 용서가 그녀를 변화시켰습니다.

빅토르 위고(Victor Hugo)의 《레미제라블》에 나오는 장발장은 또 어떻습니까? 그는 빵 하나 훔친 것 때문에 19년간 감옥 생활을 했지만, 그 정의로운 법적 처벌이 그를 변화시키지 못했습니다. 신부가 보여 준 은혜의 원리가 그의 완악한 마음을 녹이고 새로운 삶의 길을 열어 주었습니다. 그의 삶의 영적 대수술은 은혜로부터 시작된 것입니다.

은혜 없이는 살 수 없습니다. 사는 것이 온통 은혜입니다. 저 자신의 경험을 돌아봐도 그렇습니다. 오래전 신학대학교에 교수로 임용되는 과정에서 저를 몹시 섭섭하게 했던 분들이 있었습니다. 그런데 교수로 임용이 되고 나니 모두 다 용서가 되었습니다. 은혜를 받아야 남을 용서할 수 있습니다. 은혜를 받지 못한 이는 남을 용서할 수 없습니다. 은혜를 받아야 진정으로 타인을 사랑할 수 있습니다. 만약 은혜를 받고도 용서를 못한다면 은혜를 제대로 받은 것이 아닙니다. 받은 은혜가 취소될 수도 있음을 기억해야 합니다.

용서할 줄 모르는 종의 비유(마 18:23-35)도 은혜의 본질이 용서에 있음을 잘 설명해 줍니다. 1만 달란트(600만 데나리온)를 탕감받은 사람이 자기에게 100데나리온을 빚진 자를 감옥에 가둔 것은 그가 은혜를 모르는 자이기 때문입니다. 어쩌면 그는 탕감받은 것이 자기 공로로 된 줄로 착각했는지 모릅니다.

용서도 은혜처럼 무자격, 불공평, 과분함이 특징입니다. '용서'(forgive)는 '먼저'(fore-) '주는'(give) 선물입니다. 용서만이 비은혜의 무자비한 사슬을 끊고 비난과 고통의 악순환을 중단시킬 수 있습니다. 형들에게 배신당한 요셉은 하나님의 큰 은혜를 받은 후 형제들을 용서할 수 있었습니다.

내가 남을 용서하지 못하는 까닭은 은혜를 못 받았기 때문입니다. 은혜를 아는 자가 되어야 합니다. 은혜를 받은 사람이 많아지면 세상에서 천국을 경험할 기회가 늘어납니다. 평생 은혜를 받아 본 적이 없는 사람은 예수님을 믿기도 힘듭니다. 이런 사람은 "왜 예수님이 나를 위해 죽어야 해? 내가 죽어야지"라고 말합니다. 은혜를 이해하지 못하는 것입니다. 은혜란 우리의 행위에 달린 것이 아니라, 하나님이 하신 일에 달려 있습니다. 은혜가 값없이 주어진다고 값싼 것은 아닙니다. 우리에게 은혜를 주시기 위해 하나님의 아들이신 예수 그리스도의 십자가 희생이 있었습니다.

은혜란 자신의 행위로 얻어 낸 성취물이 아니라, 외부에서 주어지는 선물입니다. 따라서 은혜가 요구하는 것은 아무것도 없습니다. 은혜받을 자격이 따로 없다는 말입니다. 은혜는 자격 없는 자에게 값없이 주어지는 것입니다. "너희는 그 은혜에 의하여 믿음으로 말미암아 구원을 받았으니 이것은 너희에게서 난 것이 아니요 하나님의 선물이라"(엡 2:8).

///////

탕자가 집에 돌아오게 된 이유는 아버지의 부유함에 있었습니다. 아버지에게는 정신적, 물질적, 영적으로 여유가 있었습니다. "내 아버지에게는 양식이 풍족한 품꾼이 얼마나 많은가"(눅 15:17). 이러한 깨달음이 탕자로 하여금 아버지의 집으로 발길을 옮기게 했습니다. 다시 말해, 은혜가 탕자의 발길을 돌이키게 한 것입니다. 작은아들이 방탕하게 살고 있는 동안에도 아버지는 옷과 가락지와 신발을 준비하고 있었습니다. 작은아들은 몰랐지만, 아버지는 이미 용서하고 기다리고 있었습니다.

은혜는 큰아들이 불평한 대로 불공평하고 과분한 것입니다. 그러나 은혜에는 감동이 있고, 변화가 있고, 기쁨이 있습니다. 큰아들이 몰랐던 사실이 있습니다. (탕자의 생활에서 볼 수 있는 것과 같이) 죄가 얼마나 무서운지, (아버지와 함께 사는) 자신이 얼마나 큰 복을 누리고 있는지, (자신을 향한) 아버지의 사랑이 얼마나 큰지를 몰랐습니다. 그래서 큰아들은 아버지의 은혜와 긍휼을 이해할 수 없었습니다.

큰아들은 자신의 공로만 내세웠습니다. 그것은 세상의 모습이지, 하나님 나라 백성의 모습이 아닙니다. 은혜는 받을 자격이 없는 자에게 주어지는 것이요, 긍휼은 마땅히 받아야 할 심판을 면해 주는 것입니다. 신앙생활은 은혜 생활이기에 기쁨, 감사, 감동, 감격, 생명, 변화가 뒤따릅니다.

우리를 볼 때 우리가 저지른 과거의 잘못이 아니라, 현재 우리의 모습 그대로를 보시는 분이 계십니다. 바로 하나님 아버지이십니다. 우리는 은혜를 의지하고 그 사랑을 받아들여야 합니다. 그리할 때 비로소 이 땅에서도 하나님 나라에 살게 됩니다. 은혜는 기독교가 줄 수 있는 최상의 선물입니다. 우리 자신의 공로가 아니라, 하나님의 은혜를 붙들어야 합니다.

공로자 신드롬 극복을 위한 공동 기도문

🌢

은혜로우신 하나님 아버지, 악하고 연약한 우리에게 은혜로 절대 받을 수 없는 구원을 베풀어 주시고, 긍휼로 마땅히 받을 심판을 면해 주시는 것에 감사드립니다. 이 땅에서도 은혜로 하나님 나라를 앞당겨 평안과 기쁨을 누리며 살게 하심도 감사드립니다. 이런 은혜의 감격과 감사가 평생 다하도록 지속되게 하소서. 모든 것이 주님의 은혜라 말하면서도, 작은 성과와 칭찬에 교만해져서 자신의 공로를 내세우지 않게 하소서. 하나님의 은혜로 시작했다가 자신의 공로로 마칠까 두렵습니다. 세상에서 감당한 일에 대한 대가와 보상을 세상에서 받으려고 하는 마음을 내려놓게 하소서. 성령의 능력으로 세상에 대해서는 승리자로 살아가지만, 주님께만 영광을 돌리고 감사하는 겸비한 삶을 살게 하소서.

우리를 통해 선한 열매가 맺혔다면 그 모든 것은 은혜임을 알게 하시고, 하나님의 영광을 도적질하는 일이 없도록 우리의 마음과 입술을 지켜 주소서. 모든 것, 주님이 하셨습니다. 우리를 써 주셔서 감사합니다. 모든 영광 주님이 받으소서. 예수님의 이름으로 기도합니다. 아멘.

고린도전서 6:1-11

1 너희 중에 누가 다른 이와 더불어 다툼이 있는데
구태여 불의한 자들 앞에서 고발하고 성도 앞에서 하지 아니하느냐
2 성도가 세상을 판단할 것을 너희가 알지 못하느냐 세상도 너희에게
판단을 받겠거든 지극히 작은 일 판단하기를 감당하지 못하겠느냐
3 우리가 천사를 판단할 것을 너희가 알지 못하느냐
그러하거든 하물며 세상 일이랴
4 그런즉 너희가 세상 사건이 있을 때에
교회에서 경히 여김을 받는 자들을 세우느냐
5 내가 너희를 부끄럽게 하려 하여 이 말을 하노니 너희 가운데
그 형제 간의 일을 판단할 만한 지혜 있는 자가 이같이 하나도 없느냐
6 형제가 형제와 더불어 고발할뿐더러 믿지 아니하는 자들 앞에서 하느냐
7 너희가 피차 고발함으로 너희 가운데 이미 뚜렷한 허물이 있나니
차라리 불의를 당하는 것이 낫지 아니하며 차라리 속는 것이 낫지 아니하냐
8 너희는 불의를 행하고 속이는구나 그는 너희 형제로다
9 불의한 자가 하나님의 나라를 유업으로 받지 못할 줄을 알지 못하느냐
미혹을 받지 말라 음행하는 자나 우상 숭배하는 자나 간음하는 자나
탐색하는 자나 남색하는 자나
10 도적이나 탐욕을 부리는 자나 술 취하는 자나 모욕하는 자나
속여 빼앗는 자들은 하나님의 나라를 유업으로 받지 못하리라
11 너희 중에 이와 같은 자들이 있더니 주 예수 그리스도의 이름과
우리 하나님의 성령 안에서 씻음과 거룩함과 의롭다 하심을 받았느니라

6장

송사
신드롬

《2020 사법연감》에 의하면, 2019년 법원에 접수된 사건은 약 1,800만 건이었습니다. 이 중 법원이 다룬 소송 사건은 663만 건이었는데, 1위는 민사 사건으로 475만 건, 2위는 형사 사건 154만 건, 기타 가사 사건이 17만 건 등이었습니다. 한국과 일본의 인구 대비 소송 건수는 한국이 일본의 4배 내지 6배 높습니다. 일본은 민사 분쟁의 35%가량이 조정과 타협으로 처리되지만, 한국은 6.5%만이 조정, 화해로 종결된다고 합니다.

이 연감에는 종교별 분류나 통계는 나와 있지 않기 때문에 교회 관련 상황을 정확히 알 수는 없습니다. 그러나 국민의 소송 선호 경향에서 교인들도 예외가 될 수 없기에, 교회 내에서도 사소한 분쟁이 화해나 용서로 해결되지 못하고 고소, 고발이나 소송 제기로 이어지는 경우가 많습니다. 이제 교회 안에서도 "말씀대로 합시다"보다 "법대로 합시다"가 대세가 되었습니다.

공명지조(共命之鳥)의 교훈

2019년 교수신문에서 뽑은 사자성어는 '공명지조'였습니다. 공명조(共命鳥)는 한 몸에 머리가 두 개인 상상 속의 새인데, 한 머리가 몸에 좋은 열매를 먹자 다른 머리가 이를 시기하여 독을 먹었고, 결국 둘 다 죽었다는 이야기에서 나온 사자성어입니다. 다른 한쪽이 사라지면 행복하리라 생각했지만, 실상은 운명 공동체였던 것입니다.

우리가 살아가는 사회에서 어쩔 수 없이 '제로섬 게임'(zero-sum game, 참가자가 각각 선택하는 행동이 무엇이든지 참가자의 이득과 손실의 총합이 제로가 되는 게임) 상황에 놓일 때도 있지만, 우리는 홀로 살 수 없는 존재입니다. 우리는 늘 타인과 엮여 살아가기에 우리의 생존과 행복은 타자의 것과 비례 관계에 있음을 부정할 수 없습니다. 공명지조는 갈등하는 한국 사회에 씁쓸한 교훈을 주는 말입니다.

오늘날 한국은 이념 갈등, 지역 갈등, 세대 갈등, 빈부 갈등 등이 심각한 초갈등 사회가 되었습니다. 한국은 OECD 국가 중 갈등 지수가 32위인 국가입니다. 삼성경제연구소에 따르면, 2013년 사회 갈등으로 인한 사회적 비용이 연간 246조 원으로, 1인당 GDP의 27%인 900만 원을 사회적 갈등 관리 비용으로 쓰고 있다고 합니다.

또한 한국행정연구원의 "2018년 사회 통합 실태 조사"에 의하면, 여러 종류의 사회 갈등 정도 평가 결과, 이념 갈등이 87%, 노사 갈등 76%, 세대 갈등 64%, 종교 갈등 59%, 남녀 갈등 52%

순으로 나타났습니다. 안타깝게도, 교회와 신자들 역시 이러한 사회 갈등에서 자유롭지 못합니다.

세계에서 법치주의가 제일 잘 자리 잡은 국가는 미국입니다. 미국은 원래 불문법의 국가로서, 방대한 법전을 가지고 있는 유럽 국가들과는 다릅니다. 분쟁이 발생하면 법원에 가는데, 설사 제정된 법률이 없다고 해도 판사들이 상식과 이성으로 판결하고, 이러한 판결이 하나씩 쌓여 법이 되었습니다. 소위 '판례법'입니다.

반면에 교회에는 각종 사안과 사건을 판단하는 기준이 되는 성경과 교리와 신조가 있습니다. 사실 오랜 세월 내려오고 믿은 이것이면 충분합니다. 그런데 문제는 교회의 판단과 재판을 교인들조차도 믿지 못한다는 데 있습니다. 아마도 교회의 판단이나 조정이 공정성, 전문성, 공개성, 확정성을 제대로 확보하지 못했기 때문일 것입니다.

교회 재판위원들이 학연으로 연결되어 있거나 교단 정치로 관계를 맺고 있어서 공정한 판결을 기대하기 어려운 경우도 많습니다. 기본 소양은 있지만 전문성이 결여된 사람들이 재판에 관여함으로써 문제가 됩니다. 더군다나 대부분의 교회 재판은 비공개가 원칙이기에 투명하게 검증할 방법도 없습니다. 또한 교회 재판은 동일한 사안에 대하여 거듭해서 문제를 제기하거나 재판부가 달라지면 쉽게 결과가 달라지는 등 확정성이 약합니다.

이런 이유로 교회 재판을 담당하는 기관에서는 재판의 결과를 모은 판결집을 만들 필요가 있으며, 징계에 있어서도 일정한 양형 기준을 마련하는 것이 좋습니다. 신자들의 교회 재판에 대한 불신은 결국 국가 재판, 사회 재판에 대한 신뢰로 이어집니다. 교회 재판을 믿지 못하기 때문에 교회 안에서의 분쟁을 사회 법정으로 가지고 가는 것입니다.

사실 교인들뿐 아니라 목회자와 장로들도 지방회(노회) 또는 총회의 재판을 그리 신뢰하지 않습니다. 사회 법정으로 가기 전 요식 행위 정도로 생각하는 경우가 많습니다. 교회 재판이 신뢰를 얻지 못하고 교회 스스로 치리와 자정 능력을 회복하지 못하면 고소, 고발 사례는 더 늘어날 수밖에 없습니다.

교회 분쟁이 사회법으로 옮겨 가지 않기 위한 가장 좋은 방법은 애초에 분쟁이 생기지 않도록 건강한 교회가 되는 것입니다. 원활한 의사소통, 투명한 재정 관리 등 민주적인 교회 운영을 통해 교회 분쟁을 예방하는 것이 최선의 방법입니다. 교회 안에서 의사소통이 제대로 이루어지고 공동체가 자정 능력을 갖추고 있다면, 분쟁이 생긴다 해도 교회 안에서 해결할 수 있을 것입니다.

혹 사안이 심각하여 교회 밖으로 가지고 가야 하더라도, 상회인 지방회나 총회 차원의 재판이 공정하게 이루어지면 사회법으로 가는 것까지는 막을 수 있습니다. 현재 목회자나 장로 위주로 구성된 교단 재판위원회에 법률 전문가와 중재 전문가 등을 포함시켜 신뢰성과 전문성을 높이는 것도 한 방법입니다.

우리나라는 정교분리 원칙을 따라 국가가 교회 내부 문제나 교리에 관여할 수 없게 되어 있습니다. 사회 법원도 교회법에 대한 전문성이 부족하고, 교회는 사단법인도 아니기 때문에 사회법으로 명확한 해결이 어렵습니다. 오히려 국가가 개입하면 사태가 악화되기 쉽습니다. 분쟁과 소송에 대한 성경의 가르침에 주목할 필요가 있습니다.

먼저 화목하라

산상수훈에서 예수님은 살인 금지 계명을 설명하시면서 그리스도인의 '더 나은 의'에 대해 말씀하셨습니다(마 5:21-26). 문자 그대로의 살인은 말할 것도 없고, 형제를 향해 마음속에서 일어나는 부정적인 감정도 죄로 간주하시면서 미움과 증오가 커짐에 따라 그 처벌도 강해짐을 가르쳐 주셨습니다. "나는 너희에게 이르노니 형제에게 노하는 자마다 심판을 받게 되고 형제를 대하여 라가라 하는 자는 공회에 잡혀가게 되고 미련한 놈이라 하는 자는 지옥 불에 들어가게 되리라"(마 5:22).

형제에게 화를 내면 지방재판소, 즉 회당에서 심판을 받게 되고, '라가'라 욕설을 하면 상급심인 산헤드린 공회에서 처벌받게 되고, 형제를 '미련한 놈'이라고 하는 자는 최종 심판인 지옥 불에 들어가게 됩니다. 살인하는 자는 살인을 실행에 옮기기 전

미워하는 것만으로 이미 심적으로 살인을 저지른 것이며, 그에 합당한 처벌을 받게 되는 것입니다. 형제를 멸시하는 것은 그를 지으신 하나님을 멸시하는 행위이므로, 형제를 향해서는 마음으로라도 부정적인 생각, 나쁜 마음을 품어서는 안 되고, 욕설로 인격에 상처를 주어서도 안 됩니다.

예수님은 또한 형제와의 관계가 하나님과의 관계인 예배와 제사에도 영향을 미친다는 것을 알려 주셨습니다. 하나님이 아벨과 그 제물은 받으시고, 가인과 그 제물은 받지 않으신 것과 동일한 원리입니다.

아울러 예수님은 예물을 제단에 드리려다가 형제에게 원망을 산 일이 생각났을 때 어떻게 해야 하는지를 알려 주셨습니다. 형제에게 언행으로 불의를 행한 사람은 가해자입니다. 불의를 당한 형제가 그로 인해 고통받고 있다면, 해를 가한 사람의 제사는 하나님께 결코 받아들여지지 못합니다. 하나님은 먼저 가해자가 피해자를 찾아가 용서와 화해를 구할 것을 요구하십니다. 그다음에야 예물을 받겠다고 말씀하십니다.

먼저 화해하라는 것은 형제와의 화목이 하나님께 드리는 제사보다 더 중요하기 때문이 아닙니다. 하나님께 드리는 제사가 중요하기 때문에, 미리 잘 준비하여 하나님이 받으실 만한 제사를 드리라는 의미입니다. 형제와 화목하지 못한 사람은 아직 제사드릴 자격 자체를 얻지 못했기 때문에 아무리 많은 제물을 드려도 하나님이 받지 않으십니다. 온전한 제사와 예배의 전제 조건은 하나님뿐 아니라 형제자매와 좋은 관계를 맺는 것입니다. "예물을 제단 앞에 두고 먼저 가서 형제와 화목하고 그 후에 와서 예물을 드리라"(마 5:24).

일상생활에서도 화목과 화해가 중요합니다. 주님은 만약 누군가의 돈을 갚지 않아서 소송이 걸리게 된다면 법정에 가는 길에서라도 급히 사화(私和)하라고 하십니다(마 5:25). 예수님은 재판보다 화해를 요구하십니다. 재판 전에 합의하고, 당사자들끼리 해결하라는 것입니다.

성전에 가는 길이나 법정에 가는 길이 다 우리 마음에 달려 있습니다. 화목해야 예배가 되듯이, 화해해야 감옥과 고난을 면할 수 있습니다. 사람 사는 세상에서 다툼이 없을 수는 없지만, 종말론적 신앙으로 살아가는 신자들에게는 서로 사랑하며 살아야 할 의무가 있습니다.

바울이 '기쁨의 서신'을 보낸 빌립보 교회에조차 알력과 다툼이 있었습니다. 선한 열심을 지니고 있었던 유오디아와 순두게가 충돌한 것입니다. 바울은 두 여인에게 권면했습니다. "내가 유오디아를 권하고 순두게를 권하노니 주 안에서 같은 마음을 품으라"(빌 4:2). 유오디아나 순두게 각자의 마음으로는 하나가 될 수 없습니다. 그러나 그리스도 예수의 마음을 품으면 둘은 하나가 될 수 있습니다.

바울은 또한 "나와 멍에를 같이한 네게 구하노니 복음에 나와 함께 힘쓰던 저 여인들을 돕고"(빌 4:3)라고 빌립보 성도들에게도 권면했습니다. 교회의 지도자들이 두 여인이 화해할 수 있도록 전심으로 도우라는 바울의 당부입니다. 바울은 앞서 다툼과 허영 대신 오직 겸손한 마음으로 각각 자기보다 남을 낮게 여기라고 권면했습니다(빌 2:3). 그리고 그리스도의 '낮아지심'과 '비우심'(빌 2:5-11)을 통해 겸손과 화해와 평안을 촉구했습니다.

세상에 완벽한 교회는 없습니다. 이는 교회의 지체인 우리가 완전하지 못하기 때문입니다. 그러므로 현실 교회에는 갈등과 다툼이 상존해 있습니다. 치리가 불가피한 경우도 있습니다. 하지만 그런 경우라도 신중하게 조심해서 치리해야 영혼을 잃어버리는 일을 피할 수 있습니다.

마태복음에는 교회를 위한 4단계의 치리 방법이 제시되어 있습니다(마 18:15-17). 어떤 형제가 심각한 불의를 저질렀을 경우, 어떻게 하면 이 형제를 끌어안을 수 있는지를 제시합니다. 우선, 죄를 범한 형제를 일대일로 만나 권면합니다. 이때 소문이 나지 않게 주의해야 합니다. 그가 회개한다면 한 영혼을 얻게 되는 것이고 하늘에 있는 천사들도 기뻐할 것입니다. 그러나 그가 만약 듣지 않으면, 한두 사람을 데리고 가서 권면합니다. 그래도 듣지 않으면, 교회 앞에서 말합니다. 그래도 끝까지 듣지 않으면, 그때는 이방인과 세리처럼 간주하여 출교합니다.

교회 공동체는 거룩하기에 우리는 그 거룩성과 정결성을 유지해야 합니다. '좋은 게 좋은 것'이라는 식으로 어물쩍 넘어가면 안 됩니다. 적은 누룩이 온 덩이에 퍼진다는 것을 기억해야 합니다. 하지만 불의를 행했다고 즉시 공동체에서 축출하는 것만이 능사는 아닙니다. 먼저 회개할 기회를 주어 한 명의 영혼이라도 시험에 들지 않게 하는 것이 중요합니다.

마태복음이 가르쳐 주는 4단계의 치리 방법은 공의와 사랑을 모두 만족시키는 조처입니다. 이 방법을 현실에 잘 적용하기 위해서는 하나님의 지혜와 올바른 리더십이 필요합니다.

하지만 이렇게 치리가 이루어지는 경우는 별로 없습니다. 치리를 한다고 해도 그것을 순순히 받아들이지 않기 때문입니다. 교회 안에 파벌과 진영 논리가 존재하기 때문입니다. 그래서 서로 승복하지 않고 교회 재판위원회에 고발합니다. 그러나 교회 치리 기관들도 법률에 대한 비전문가들로 구성되어 있기에, 판결을 해도 불만을 품고 결과에 불복하는 일이 많습니다. 그래서 결국 교회 치리 기관들을 넘어 사회에 직접 소송을 제기하는 경우가 많아진 것입니다. 이것이 현재 교회에 만연한 '송사 신드롬'입니다.

물론 모든 법정 소송을 금지해야 한다는 말은 아닙니다. 신자들은 무조건 법정으로 가지 말라는 것도 아닙니다. 예를 들어, 형사 사건일 때 권리가 심각하게 침해당했을 경우, 상대방의 소송에 대응해야 하는 경우, 상대가 비신자인 경우 등 법적으로 자신을 보호하고 권리를 주장해야 할 때도 있을 것입니다. 법에 대한 호소가 최후의 수단인 경우도 있습니다. 바울도 유대인들의 부당한 고발에서 벗어나기 위해서 가이사에게 호소했습니다. "내가 가이사께 상소하노라"(행 25:11).

가장 중요한 것은 화목입니다. 그리스도인의 소송과 분쟁에 있어서는 옳고 그름보다 화목이 우선입니다. 어려서 형제와 싸울 때를 생각해 보면, 우리는 잘잘못을 따지지만 부모는 화목을 원했던 것을 기억합니다.

세상에서는 억울한 일도 당하고, 세상의 판결이 불완전하여 선한 사람이 고통을 받기도 하기에 우리는 궁극적으로 하나님의 심판, 하나님의 나라를 소망하며 살아갑니다. 그런데도 마치 하나님 나라를 믿지 않는 것처럼, 이 세상에서 모든 것을 해결하려고 해서는 안 됩니다. 모든 원한과 원통함을 이 세상에서 풀 수 있다고 믿어서도, 풀려고 해서도 안 됩니다.

그리스도인의 중요한 성품 중 하나인 인내와 오래 참음이 필요할 때도 있습니다. 어찌 보면 하나님이 우리에게 억울한 환경을 허락하시는 것은 우리의 인내심을 키우시기 위한 섭리일 수 있습니다. 참을 수 있을 만큼 참고 하나님의 개입과 구원을 소망하는 것, 이것이 성경과 시편이 말하는 내용이 아니겠습니까.

예수님은 고별 기도(요 17장)를 통해 교회의 하나 됨을 간구하셨습니다. 이것은 아직도 이루지 못한 예수님의 소원이요, 우리가 응답해야 할 기도입니다. 정말 억울한 일이 있고 교회 치리 기관들을 신뢰할 수 없다면, 검증된 기독 법조인들로 구성된 한국기독교화해중재원에 의뢰하는 것도 하나의 대안이 될 수 있습니다. 한국기독교화해중재원은 교회와 성도들의 소송을 안타깝게 여긴 기독 법조인들이 만든 공적 기구로서, 대법원의 위임을 받아 화해 조정을 진행합니다.

100가지 소송보다 한 번의 화해가 낫습니다. 화해 조정이 활성화되어야 합니다. 화해와 화목은 성령님이 하시는 일입니다. 그러나 2020년 한 해, 한국기독교화해중재원의 활동 실적은 법원에서 의뢰한 사건 20건, 교회에서 의뢰한 사건 2건 정도로 매우 저조했습니다.

고린도 교회의 소송

바울의 제2차 전도 여행 때 설립된 고린도 교회는 성령 충만, 은혜 충만, 말씀 충만한 교회였습니다. 한마디로 뜨거운 교회였습니다. 하지만 그 뜨거움도 교회의 분열과 갈등, 성도들 사이의 다툼을 막아 주지는 못했습니다. 갈라디아 교회가 이단의 유혹을 받아 참된 복음에서 변질되어 갈 때 고린도 교회는 분열되어 대립하고 싸웠습니다.

고린도전서 앞부분에서(고전 1:10-4장) 고린도 교회의 파벌과 분쟁 문제를 다룬 바울은 소송 당사자 모두를 책망했습니다. 한 교인이 다른 교인을 소송했는데, 교회 내에서 문제를 해결하려 하지 않고 세상 법정으로 간 일을 비판한 것입니다. 교회 안에서 이런 일이 벌어진 것 자체가 그 교회가 성숙하지 못하고 영적 유아기에 있음을 증명해 줍니다. 소송하는 것은 어린아이의 일입니다. 생각하는 것, 말하는 것, 행동하는 것이 어린아이 같아서 그런 싸움이 생기는 것입니다(고전 13:11). 이렇듯 영적 뜨거움이 영적 성숙을 보장하는 것은 아닙니다.

고린도전서 6장에서 바울은 그들의 소송 행위가 덕이 되지 않는 행동임을 알려 주었습니다. "너희 중에 누가 다른 이와 더불어 다툼이 있는데 구태여 불의한 자들 앞에서 고발하고 성도 앞에서 하지 아니하느냐"(고전 6:1). '구태여'라는 말은 '감히'라는 뜻으로, 그리스도인이 세상 법정에 가는 것을 무모하게 여긴 표현입니다. '감히 법정에 갈 생각을 했느냐'라는 의미입니다. 그리스도 안에 있는 자가 재판을 받으려고 세상 법정으로 가는 것은 정말 부끄러운 일입니다. 물론 고소자가 처음부터 그런 의도는 없었을 수 있습니다. 너무 억울했기 때문일 수도 있고, 다른 교인들도 그렇게들 하니 자신도 그리해도 된다고 생각했을지도 모릅니다.

성도 간에 다툼이 없어야 하지만, 있다고 하더라도 세상으로 가져가지 말고 교회 안에서 스스로 해결해야 합니다. 그 이유는 세상에서 심판하는 자들의 영적 본질 때문입니다. 바울에 의하면, 그들은 "불의한 자들"(고전 6:1)입니다. 그들은 "교회에서 경히 여김을 받는 자들"(고전 6:4)이고, "믿지 아니하는 자들"(고전 6:6)입니다.

물론 세상 법정에도 양심과 상식이 있는 판사들이 있습니다. 하지만 근본적으로 세상 법정은 세상의 원리가 적용되는 곳입니다. 교회 안의 재판은 불신하면서 세상 법정이 공정할 것이라는 믿음은 도대체 어디서 오는 것입니까. 세상 법은 권력과 돈이 지배합니다.

미국에서 유명한 재판 중에 'O. J. 심슨 사건'이 있습니다. 아내를 살해했다는 혐의로 재판을 받게 된 심슨은 미국 최고의 변호사를 고용했습니다. 그리고 결국 그는 형사 재판에서 무죄를 받아 냈습니다. 그러나 어느 누구도 그가 무죄라고 믿지 않았습니다. 그저 돈의 힘이라고 생각했습니다. 실제로 심슨은 같은 내용으로 민사 재판에서는 유죄를 받았습니다.

돈만이 아닙니다. 세상 법정에서는 누가 권력을 가지고 있느냐에 따라 판결과 형량이 달라집니다. 세상 법정이 공정하리라고 생각하는 것은 착각입니다. 영적으로 보자면 그들은 하나님을 모르거나 혹은 하나님의 뜻을 거역하는 자들임을 기억해야 합니다. 세상 법정에 의뢰하는 송사는 영원을 바라며 살아가는 그리스도인에게는 바람직한 일이 아닙니다. "세상도 너희에게 판단을 받겠거든 지극히 작은 일 판단하기를 감당하지 못하겠느냐"(고전 6:2).

이 사건은 한 형제가 다른 형제를 속여서 재물을 갈취한 사건인 듯합니다. 7절과 8절에 나오는 '속이다'(ἀποστερέω)라는 동사는 다른 사람의 돈이나 재물을 속여 취하는 것을 의미하기 때문입니다. 돈이나 재물 때문에 두 사람 사이에 다툼이 시작된 것입니다. 고소자는 손해를 감수하거나 교회 안에서 문제를 해결하기보다 세상 법정으로 가지고 가는 편을 택했습니다. 형사 소송이 아니라 민사 소송입니다.

바울은 이 사건을 "지극히 작은 일"(고전 6:2), "세상 일"(고전 6:3), "세상 사건"(고전 6:4)으로 규정하고 있습니다. 잠시 뒤에는 모두 없어질 지극히 작은 일, 유한한 세상에 속한 일입니다. 세상의 관점에서 재물 문제는 '생사의 문제'일 수 있지만, 기독교적 관점에서는 '편리의 문제'일 뿐입니다. "네가 어찌 허무한 것에 주목하겠느냐 정녕히 재물은 스스로 날개를 내어 하늘을 나는 독수리처럼 날아가리라"(잠 23:5). 그처럼 사소하고 유한한 일을 위해서 우리의 귀한 영혼, 시간, 에너지를 낭비해서는 안 됩니다. 게다가 우리의 믿음과 사랑과 소망까지도 위태롭게 하면서까지 소송을 할 필요는 없습니다.

새찬송가 중에 "세상과 나는 간 곳 없고 구속한 주만 보이도다"(새찬송가 288장 3절)라는 가사가 있습니다. 하지만 소송에 휘말리면 주님은 온데간데없고 오직 미움과 증오, 그리고 승리와 패배만이 우리의 생각을 사로잡습니다. 마음과 정신을 소송에 다 빼앗겨 도무지 다른 일을 할 수 없게 되는 것입니다. 결국에는 물질까지 다 탕진하게 됩니다. 탐욕과 맘몬만이 우상 숭배가 아니라 승소에 대한 열정도 우상이 됩니다.

하지만 그렇게 영혼과 마음을 갈아 넣은 그 소송이 결국 하찮은 일이라는 것이 더 문제입니다. 세상 대법원의 판결도 최종적인 것이 아닙니다. 임시적이고 잠정적입니다. 세상에서 모든 일의 결말을 보려는 것은 불신앙의 모습입니다. 하나님 나라를 믿는 이들에게 있어 최종심은 하나님 앞에서 진행됩니다. 하나님 앞에 섰을 때 세상 판결 중 많은 부분이 뒤집어질 것입니다.

고린도 교회에서 소송이 발생한 이유는 첫째, 세상 재판관의 본질을 알지 못했기 때문이고, 둘째, 성도가 얼마나 영화로운 존재인지를 제대로 알지 못했기 때문입니다.

성도가 이 세상에서 살아갈 때 육체를 따라 지혜로운 자도 많지 않고, 능한 자도 많지 않으며, 문벌 좋은 자도 많지 않습니다(고전 1:26). 하지만 성도는 장래에 주님과 함께 심판할 재판관들입니다. 성도가 세상을 판단하는 것입니다(고전 6:2). 심지어 성도는 천사까지 판단합니다(고전 6:3). 물론 여기서 말하는 '천사'는 타락한 천사를 의미하는 것이고, 선한 천사들은 우리와 함께 영원한 친구가 될 것입니다. "또 자기 지위를 지키지 아니하고 자기 처소를 떠난 천사들을 큰 날의 심판까지 영원한 결박으로 흑암에 가두셨으며"(유 1:6).

세상이 성도를 심판하는 것이 아니라, 성도가 세상을 심판합니다. 영적인 일을 판단할 수 있는 그리스도인은 세상 일도 능히 판단할 수 있습니다. 그런데 어째서 세상 사람들에게 심판을 요청하는 것입니까?

바울은 소송 당사자뿐 아니라 소송을 수수방관한 고린도 교회도 책망했습니다. 공정하고 은혜롭게 판단을 내리고 조정할 수 있는데, 그 기회를 놓쳐 버린 고린도 교회는 부끄러워해야 합니다. "내가 너희를 부끄럽게 하려 하여 이 말을 하노니 너희 가운데 그 형제 간의 일을 판단할 만한 지혜 있는 자가 이같이 하나도 없느냐"(고전 6:5).

믿는 우리가 받은 성령은 '능력의 영'이시면서 '지혜와 분별의 영'이시기도 합니다. 우리는 세상을 창조하신 분의 영을 받았기 때문에 영적인 일만이 아니라 세속적인 일도 능히 분별할 수 있습니다. 우리는 이 세상의 지혜가 아니고, 하나님의 지혜를 소유하고 있습니다.

일천번제 후에 솔로몬은 하나님께 큰 은혜를 받았습니다. 이후 '진짜 어머니'를 찾는 재판을 할 때 솔로몬은 그 어떤 경우라도 자기 아이에게는 해코지할 수 없는 어머니의 본질을 간파하고, "갓난아기를 둘로 쪼개라"라는 명령을 내림으로써 진짜 어머니를 판별해 낼 수 있었습니다. 세상 지혜는 죽이는 것이지만, 하나님이 주시는 지혜는 살리는 것입니다. 진짜 어머니는 아기를 살리는 사람입니다. 재판에서 지는 한이 있어도 아기를 반쪽 내지 않는 사람입니다.

그리스도의 몸으로서의 교회에는 다양한 지체들이 있고, 솔로몬과 같은 지혜의 은사를 지닌 지체도 있습니다. 하나님은 그리스도의 몸을 돌보라고 그런 지체를 주셨는데 우리는 활용하지 않습니다. 이는 그리스도의 몸의 온전성을 불신하는 것이며, 하나님이 각자에게 주신 은사의 탁월함을 부정하는 것입니다. 따라서 교회가 송사를 외부에 의뢰하는 것은 옳지 못한 일, 성도달지 못한 일입니다.

바울의 질책

바울은 고린도전서 6장 7-8절에서 피해자와 가해자 모두에게 다른 길은 없었는지 묻습니다. "꼭 이 지경에 도달해야 했는가?" 라는 뜻입니다. 반성해 보라는 의미입니다. 7절에서는 피해자를 책망합니다. "차라리 불의를 당하는 것이 낫지 아니하며 차라리 속는 것이 낫지 아니하냐." 8절에서는 가해자를 나무랍니다. "너희는 불의를 행하고 속이는구나 그는 너희 형제로다." 피해자, 가해자 모두 상생하는(win-win) 길이 아니라, 모두 지는(lose-lose) 싸움, 즉 '너 죽고 나 죽자'의 길로 간 것입니다.

바울은 먼저 피해자에게 그렇게까지 해서 자신의 권리를 찾고 싶은지 묻습니다. "당신이 옳고 진실한 경우라도 희생을 감내할 수 없었는가? 세상 법정을 통해 당신의 의를 확인받고 형제에게 꼭 벌을 주고 싶은가? 원수를 마음으로 용서하고 축복하라는 예수님의 말씀을 순종할 수는 없는가? 차라리 예수님처럼 억울한 일을 감내할 수는 없는가?"

세상은 정의의 원리가 지배하지만, 하나님 나라는 은혜의 원리가 다스립니다. 우리는 바리새인이나 서기관들보다 '더 나은 의'를 가져야 합니다. 그것은 은혜입니다. 그것은 '옳은 것' 이상의 '좋은 것'입니다. 세상에는 가해자도 있고, 피해자도 있습니다. 하지만 용서와 은혜가 더 중요합니다. 우리가 예수님의 보혈로 구원받은 것도 정의의 원리가 아니라, 사랑과 긍휼의 원리를 통해서였음을 잊지 말아야 합니다.

1만 달란트 빚진 자의 비유를 늘 가슴에 새겨야 합니다. 나는 이미 1만 달란트의 빚을 탕감받은 자인데, 나에게 100데나리온의 빚을 진 이웃을 용서하지 못한다면 은혜를 저버리는 것입니다. 우리가 마음으로부터 형제를 용서하지 않으면 하늘 아버지께서도 우리를 용서하지 않으신다는 것을 유념해야 합니다.

또한 바울은 가해자를 책망합니다. 성도는 예수 그리스도의 보혈의 능력으로 하나님의 자녀가 되었고, 서로 간에 형제자매가 되었습니다. 육적 혈육보다 더 친밀한 관계가 영적 혈육입니다. 그런 형제에게 불의를 행한다는 것은 결코 있어서는 안 되는 일입니다. 자기 가족에게 사기를 치는 사람이 누가 있겠으며, 누가 가족을 실족하게 만들겠습니까. 이는 하나님도 결코 용서하실 수 없는 죄입니다. "누구든지 나를 믿는 이 작은 자 중 하나를 실족하게 하면 차라리 연자 맷돌이 그 목에 달려서 깊은 바다에 빠뜨려지는 것이 나으니라"(마 18:6).

하나님은 우리의 모든 죄를 용서하시되 과거, 현재, 미래의 죄를 다 소멸하셨습니다. 하지만 이것이 우리가 지금 범죄해도 괜찮다는 면제부가 아님을 알아야 합니다. 또한 피해받은 형제가 가해자를 법정에 고소하지 않는다고 해도 가해자는 결코 자신이 옳고 정당하다고 생각하지 말아야 합니다. 모든 성도는 하나님으로부터 용서받은 자답게, 은혜받은 자답게 살아야 합니다. 은혜받지 않은 자처럼 여전히 과거의 죄악과 불의를 자행해서는 안 됩니다.

영적 정체성 회복: 용서와 화목

고린도전서 6장 9-11절에서 바울은 고린도 성도들의 변질된 영적 실태를 지적합니다. 불의한 자들은 불의한 행동을 하기 마련입니다. 음행, 우상 숭배, 간음, 탐색, 남색, 도둑질, 탐욕, 술 취함, 모욕, 사기와 탈취를 자행하는 자들은 하나님의 나라를 유업으로 받지 못한다는 것을 바울은 두 번 강조합니다. 가해자는 하나님의 나라를 유업으로 받을 수 없게 되는 것입니다.

하나님이 우리를 불쌍히 여기셔서 주 예수 그리스도의 이름과 우리 하나님의 성령 안에서 죄의 씻음과 거룩함과 의롭다 하심을 받게 하셨으면(고전 6:11), 그에 합당하게 살아야 할 책임이 우리에게 있습니다. 우리는 성부와 성자와 성령 하나님의 이름으로 세례를 받았고, 영적으로 거룩함과 의롭다 하심을 얻은 자가 되었습니다. 중생과 칭의와 성결의 은혜를 받았습니다.

이제 정결해진 자로서 과거로 돌아가 다시 불의한 일을 행하면 안 됩니다. 믿음의 형제들이 돈이나 재산 문제로 다툼을 벌이는 것, 형제를 속이고 불의한 일을 하는 것은 하나님의 은혜로 죄 사함을 받고 의로워지고 거룩하게 된 '성도'의 정체성에

위배됩니다. 신자답지 못한 행동인 것입니다. 우리는 하나님의 거룩하고 의로운 백성의 정체성을 삶으로 증명해야 합니다.

히브리서는 성도는 화평함과 거룩함을 추구해야 한다고 말합니다. "모든 사람과 더불어 화평함과 거룩함을 따르라 이것이 없이는 아무도 주를 보지 못하리라"(히 12:14). 화평함과 거룩함 없이는 누구도 주님의 얼굴을 뵐 수 없습니다. 화평함은 공동체를 평화롭게 유지하기 위해 꼭 필요합니다. 그러나 그전에 거룩함이 있어야 합니다. 거룩함이 없이는 거짓 평화가 될 수 있습니다. 오늘날 공동체에 필요한 모든 조건을 갖춘 교회들이 사회의 손가락질을 받는 이유는 그리스도인들의 관심이 거룩함에 있지 않고 세상의 복, 사람들의 인정, 눈에 보이는 성공과 성취에 있기 때문입니다.

2000년 전 고린도 교회에 있었던 다툼과 송사가 교회의 역사 속에서 반복되어 왔고, 현대에 이르러 더욱더 많아졌습니다. 저는 총회장을 하면서 평생 처음으로 교단 선거의 일로 채무자의 입장에서 서울중앙지방법원 법정에 서 보았습니다. 재판장이 마지막 할 말이 없느냐고 질문하기에 "저희들이 문제를 내부에서 해결하지 못하고 이곳까지 오게 된 것, 정말 죄송하게 생각합니다. 억울한 사람도 없어야 하니 공정한 판단을 내려 주시기 바랍니다"라고 진술했습니다. 정말 부끄러웠습니다.

이는 반드시 제거해야 할 악습입니다. 우리는 세상 법정으로 빨리 달려가려는 발을 멈추어야 합니다. 그 이전에 형제를 미워하고, 용서하지 못했음을 회개해야 합니다. 이 장 본문에서 바울은 의도적으로 소송 당사자를 '형제'라 호칭합니다(고전 6:5, 6, 8). 가해자든 피해자든 원수가 아니라 형제입니다. 주 안에서 우리는 영원한 형제라는 의식을 내면화시킬 필요가 있습니다.

///////

한 스승이 제자들에게 물었습니다. "어두운 밤이 끝나고 새날이 오는 것을 어떻게 알 수 있느냐?" 한 제자가 대답했습니다. "동창에 해가 떠오르는 것을 보면 알 수 있습니다." 스승이 "아니다"라고 답하자, 다른 제자가 대답했습니다. "주변의 사물이 분간될 때 아닙니까?" 이번에도 스승은 "아니다"라고 답했습니다. 제자가 "그럼 언제 새날이 옵니까?"라고 물었습니다. 이에 스승은 다음과 같이 말했습니다. "네가 창밖을 내다보다가 지나가는 사람이 네 형제와 자매로 보일 때 새날이 오는 것이다." 이때 새사람이 되는 것입니다.

형제자매를 애정과 관심 어린 눈으로 보는 사람은 이 세상의 흑암에서 벗어나게 됩니다. 사랑의 이중 계명은 하나님 사랑과 이웃 사랑이며, 이 둘은 본질상 하나라는 사실을 절대 잊지 말아야 합니다.

송사 신드롬 극복을 위한 공동 기도문

공의로우신 하나님, 여러 갈등과 분쟁이 가득한 세상에서 평화를 만드는 사람으로 살게 하심을 감사드립니다. 다른 사람이 잘못할 때 정죄하기 전에 먼저 자신을 비추어 보아 회개하는 마음을 주소서. 조건 없는 사랑으로 우리의 모든 죄를 용서하신 하나님의 은혜를 기억하게 하소서.

할 수 있는 한 마음을 다해 우리의 이웃을 사랑하고 용서하는 삶을 살게 하소서. 특별히 믿음의 공동체 안에서 서로 화평함으로 세상 앞에 본을 보이게 하시고, 문제가 있을 때에도 주님 안에서 평화롭게 해결할 수 있도록 지혜와 관용을 주소서. 법대로가 아니라 말씀대로, 정의의 원리보다는 은혜의 원리로 문제를 풀어가게 하소서.

믿는 형제 간의 일이나 교회의 일로 세상 법정에 가지 않게 하시고, 마음을 완악하게 가져서 서로를 미워하는 일이 없게 하소서. 십자가에서 고난을 당하신 예수님을 생각하며 때로는 참고 용서하게 하소서. 세상을 사는 동안 오해와 다툼이 없을 수는 없겠지만 모든 소송과 헛된 분쟁에서 우리를 건져 주소서. 예수님의 이름으로 기도합니다. 아멘.

누가복음 9:51-56
51 예수께서 승천하실 기약이 차 가매
예루살렘을 향하여 올라가기로 굳게 결심하시고
52 사자들을 앞서 보내시매 그들이 가서 예수를 위하여 준비하려고
사마리아인의 한 마을에 들어갔더니
53 예수께서 예루살렘을 향하여 가시기 때문에
그들이 받아들이지 아니하는지라
54 제자 야고보와 요한이 이를 보고 이르되 주여 우리가 불을 명하여
하늘로부터 내려 저들을 멸하라 하기를 원하시나이까
55 예수께서 돌아보시며 꾸짖으시고
56 함께 다른 마을로 가시니라

7장

무례한
기독교

지하철 승객들을 대상으로 한 설문 조사 중 "열차 안에서 승객들을 짜증스럽게 하는 것이 무엇인가?"라는 질문에 "술주정" 다음으로 많이 나온 대답이 "전도"였다고 합니다. 사람들이 술 취한 사람들의 행패만큼이나 전도자들의 소음을 짜증스럽게 여긴다는 것입니다.

예전에는 지하철이나 길에서 "예수 천당! 불신 지옥!"을 외치며 전도하는 사람들이 많았습니다. 오늘날에도 전혀 없다고는 할 수 없지만, 많이 줄어든 것이 사실입니다. 이런 전도법이 나쁜 것은 아닙니다. 성경적이기도 하고, 과거에는 이런 전도 방식을 통해 신앙을 갖게 된 사람들이 많았습니다.

일제강점기 때 최권능 목사님(본명 최봉석)은 자나 깨나 "예수 천당! 불신 지옥!"을 외쳤습니다. 그 소리가 어찌나 큰지 사람들이 깜짝 놀랄 정도였다고 합니다. 한번은 말을 타고 지나가는 일본 순사에게 큰 소리로 "예수 천당! 불신 지옥!"을 외치는 바람에 말이 놀라 순사가 말에서 떨어졌습니다. 화가 난 순사가 칼을 빼 들고 위협하는데도 목사님은 또 "예수 천당! 불신 지옥!"을 외쳤습니다. 그 모습에 순사는 황당해하며 "다시는 소리 지르지 마라" 하고는 가 버렸습니다. 하지만 최권능 목사님은 그 후로도 "예수 믿으면 천당 간다"라는 간단하고 명료한 복음 제시로 많은 사람을 전도했습니다. 이처럼 하나님은 단순한 방식을 통해서도 놀랍게 역사하십니다.

복음은 변함없지만 모든 전도 방법은 시대와 문화에 맞춰 변할 필요가 있습니다. 과거에 통했다고 해서 지금도 통한다는 보장은 없습니다. 때로는 시대 상황에 맞지 않는 전도법이 사람들에게 '무례하다'는 인상을 줄 수 있고, 그러면 오히려 전도에 장애가 될 수 있습니다. 때와 장소에 맞는 전도 방식을 선택하는 지혜가 필요합니다.

"이른 아침에 큰 소리로 자기 이웃을 축복하면 도리어 저주 같이 여기게 되리라"(잠 27:14). 나는 축복했는데, 상대가 저주로 여긴다면 메시지를 잘못 전달한 것입니다. 이는 상대방의 입장을 배려하지 못한 무례한 행동입니다.

절제 없는 사랑의 위험성

한국 교회는 1960년대와 1970년대 한국의 경제 부흥과 맞물려 양적으로 성장했지만, 정작 오늘날 한국 교회는 사회에 선한 영향력이 아닌 악한 영향력을 미치고 있습니다. 한국 내 반기독교 정서의 원인은 다양하지만, 그중 기독교의 무례함도 빠뜨릴 수 없습니다.

최근 코로나19 상황에서도 코로나19를 하나님이 내리신 심판이라고 하거나 블루칩, QR코드 인식이나 백신에 대한 음모론을 펴는 극단적인 그리스도인들을 볼 수 있습니다.

주후 313년 기독교가 콘스탄티누스 대제(Constantinus I)에 의해 로마에서 공인된 이후 가톨릭교회는 일관되게 비관용적이고 폭력적이었습니다. 내부의 다른 견해를 가진 자들을 이단 및 적그리스도로 몰아 죽였고, 외부의 다른 종교를 대상으로 십자군을 결성하여 정복하고 진멸했습니다. 가톨릭교회의 주장에 반하는 것은 사교로 정죄하고 관련자들은 화형에 처했습니다. 그래서 카타리파, 왈도파 같은 종파와 존 위클리프(John Wycliffe), 얀 후스(Jan Hus) 같은 선구자들은 모두 박해받고 처형당했습니다.

종교개혁을 통해 가톨릭에 반발하여 나온 개신교조차도 이런 모습을 답습했습니다. 개신교도 세속 권력에 힘입어 교조주의, 이단 정죄, 처형, 종교 전쟁 등을 끊임없이 행해 왔습니다. 누구보다도 관용을 베풀어야 할 기독교가 적대적이고 배타적인 태도로 타자를 악마화한 것입니다. 다른 종교나 신념에 대한 극도의 무례하고 호전적인 태도는 결국 기독교에 대한 반감을 불러왔습니다.

거시적 관점에서 보자면, 구약의 성전 개념, 영적 전쟁, 십자군 전쟁, 호전적 군가를 차용한 찬양, 이분법적인 세계관, 공격적인 선교 등이 기독교를 무례하게 만들었습니다. 미시적 관점에서 보더라도, 비신자들을 무시하고 정죄하고, 귀신에 사로잡힌 자로 폄하하기, 자기들만의 선민의식, 자기 의, 자기 확신 등으로 인해 세상으로부터 지탄을 받고 있습니다.

기독교의 이런 무례함과 호전성은 처음에는 영혼에 대한 사랑, 진리에 대한 열심에서 비롯되었을 것입니다. 그러나 '과유불급'이란 말처럼, 지나치면 안 하는 것만 못한 것이 됩니다. 성령의 9가지 열매는 '사랑'으로 시작하여 '절제'로 마칩니다(갈 5:22-23). 성령의 열매 중 과격하고 무례한 것은 없습니다. 아무리 사랑이 좋더라도 절제가 없으면 무례하게 됩니다. 사랑은 절제로 완성됩니다.

바울은 "[사랑은] 무례히 행하지 아니하며"(고전 13:5)라고 가르칩니다. '무례히 행하다'란 헬라어 원어로 '아스케모네오'인데, 이 단어는 꼴, 모습, 형상, 패션을 의미하는 명사 '스케마'에 부정적인 의미를 가진 접두사 '아'를 붙여 만든 파생 동사입니다. 즉 '무례히 행하다'라는 말은 '아름다운 형상이 없다'는 의미로, '볼품없다', '격이 떨어지다', '비열하다', '보기 흉하다', '창피하다'라는 뉘앙스를 갖습니다.

무례함은 예의가 없는 것이고, 위계질서를 무시하고, 사랑스러움이 전혀 없는 막무가내의 태도입니다. 성경은 무례한 행동을 '방자히 행함'이라고 말하는데, 고삐 풀린 망아지처럼 천방지축 날뛰는 것을 의미합니다. 아무리 좋은 의도를 가졌다 해도, 무례히 행하는 것은 진정한 사랑이 될 수 없습니다.

무례한 행위를 사랑이라고 착각하고 상대방을 괴롭히면 결국 깊은 상처를 남기게 됩니다. 오늘날 사회적 문제로 떠오른 '스토킹'이 결코 사랑이 될 수 없는 이유이기도 합니다. 무례한 사랑은 예외 없이 비극으로 끝납니다. 아무리 사랑한다고 말해도 상대는 행복하지 않을 것이고, 사랑으로 느끼지도 못할 것입니다.

야고보와 요한 형제의 불타는 복수심

갈릴리 인근에서 공생애 3년을 보내신 예수님은 제자들의 신앙 고백을 받은 뒤 예루살렘을 향해 나아가셨습니다. 이제 하나님이 예수님을 이 땅에 보내신 목적, 예수님이 하늘 보좌를 버리고 이 땅에 오신 목적, 자기를 비우고 종의 형체, 즉 인간의 형체를 입고 오신 목적을 수행하셔야 할 시간이 되었기 때문입니다.

이것은 인류의 모든 죄를 대속하기 위해 예수님이 십자가에 달려 죽으시는 일입니다. 십자가에서의 죽음은 예수님 공생애의 궁극적인 목적입니다. "예수께서 승천하실 기약이 차 가매"(눅 9:51).

예수님은 예루살렘에 올라가기로 굳게 결심하셨고, 이를 위해 사마리아를 통과하고자 하셨습니다. 그래서 먼저 제자들을 사마리아로 앞서 보내 준비하게 하셨습니다. 하지만 사마리아 인들은 예수님 일행을 영접하지 않고 막아섰습니다.

만약에 예수님의 목적지가 사마리아인들이 예배를 드리는 그리심산이었다면, 당시 영향력 있는 예수님을 활용하여 자신들의 입지를 알리는 기회로 삼고자 예수님을 환대했을 수도 있습니다. 하지만 예수님의 목적지가 예루살렘이고, 자신들의 땅은 그저 경유지라는 데 불쾌함을 느꼈을 것입니다. 여기에서 사마리아인들의 경쟁의식, 질투심, 시기심, 자존심을 엿볼 수 있습니다.

예수님의 제자들의 입장에서 볼 때 사마리아 사람들의 태도는 무례하고 무엄했습니다. 예수님은 하나님의 아들이시요 그리스도로서, 이스라엘과 만국의 왕으로 등극하실 분인데 지금 그들이 왕의 행차를 막아서고 있는 것입니다.

제자들은 예수님이 누구신지도 모르고, 예수님이 예루살렘에 가시는 목적도 모르고, 예수님 일행이 하는 일의 중요성도 모르는 채 자신들을 막아서는 사마리아인들이 무척이나 괘씸했을 것입니다. 아마도 서운하고 답답한 마음에 사마리아 사람들을 판단했을 것입니다. 그래서 다혈질인 야고보와 요한이 예수님을 위한다는 열심으로 흥분하여 건의했습니다. "제자 야고보와 요한이 이를 보고 이르되 주여 우리가 불을 명하여 하늘로부터 내려 저들을 멸하라 하기를 원하시나이까"(눅 9:54).

사마리아인들에 대한 적개심과 상처받은 자존심, 그리고 그들을 무시하는 마음이 분노로 드러났습니다. 그래서 예수님이 이전에 야고보와 요한 형제에게 '보아너게'(막 3:17)라는 별명을 지어 주셨는지도 모르겠습니다. 보아너게는 '우레의 아들', '천둥 번개의 아들'이란 뜻으로, 그들의 불같은 성격을 보여 줍니다.

대단한 자신감을 보였지만, 야고보와 요한에게는 애초에 하늘에서 불을 내릴 수 있는 능력이 없었습니다. 아니, 설령 그런 능력이 있다고 해도 길을 좀 막았다고 불을 내려 죽이는 것은 이치에 맞지 않습니다. 이 얼마나 무서운 복수심입니까. 예수님의 제자들이 자신들을 인정하고 따르지 않는 자들은 파멸시켜야 한다는 생각을 한다는 것, 이는 참으로 오만하고 무서운 태도입니다. 제자들의 미성숙한 인격을 그대로 보여 줍니다. 예수님이 제자들을 부르신 목적은 사람들을 멸하시기 위해서가 아니라 구원하시기 위해서입니다.

예수님의 가르침

북조 이스라엘의 아하시야왕은 엘리야가 자신을 비판하는 예언을 했을 때 그를 잡아 오라며 체포조를 파견했습니다. 체포조가 엘리야에게 접근했을 때 하늘에서 불이 내려와 체포조 50명을 두 번씩이나 살라 버렸습니다(왕하 1:10, 12).

이후 엘리야가 승천하고, 그의 영적 후계자가 된 엘리사가 벧엘로 올라갔을 때 마을 아이들이 나와 "대머리여 올라가라 대머리여 올라가라"(왕하 2:23) 하며 엘리사를 조롱했습니다. 그때 엘리사는 여호와의 이름으로 그 아이들을 저주했고 암곰 둘이 나와 아이들 중 42명을 죽였습니다. 구약에는 이처럼 보복의 이야기도 기록되어 있습니다.

야고보와 요한이 이 일을 생각했는지 모릅니다. 그러나 구약의 특별한 상황을 고려할 때 이 사건에 대한 명확한 설명이 필요합니다. 아마도 하나님의 사자인 선지자의 존엄을 하나님의 존엄과 연결시켰기 때문일 것입니다. 하지만 이를 일반화해서는 안 됩니다. 하나님의 말씀 자체이신 예수님은 보복하지 말 것을 명시적으로 말씀하셨기 때문입니다. 예수님의 직제자들인 야고보와 요한은 절대 그런 말을 해서도, 그런 마음을 품어서도 안 되었습니다. 그들은 '더 나은 의'를 가졌어야 했습니다. 예수님은 야고보와 요한을 꾸짖으시고 우회하여 먼 길로 돌아 가셨습니다. 보복을 금지하시고, 편견도 버리라고 하셨습니다.

우리도 전도하다 보면 완악한 사람을 만날 때가 있습니다. 생명을 살리기 위해 나선 발걸음이지만, 여전히 우리 속에서는 죽지 않은 자아가 우리를 흔듭니다. 완악한 사람을 만나면 이런 생각이 떠오릅니다. '하나님, 이 사람 뜨거운 맛 좀 보게 하셔서 저 교만을 부숴 주세요.'

하지만 하나님은 그 사람을 그냥 내버려 두시는 것 같습니다. 예수님은 우리 마음을 두드리실 때 강하게 두드리시는 경우는 있어도, 문을 부수고 들어오지는 않으시는 신사이십니다. 두드리는데도 계속해서 문을 열지 않는다면 기다리다가 다른 곳으로 가십니다. 그렇다고 침을 뱉으며 "잘 먹고 잘 살아라!" 하며 저주하고 가지도 않으십니다.

우리는 마지막까지 방주의 문을 열고 기다리던 노아처럼, 하나님이 문을 닫으실 때까지 타인에 대한 열린 마음을 가지고 있어야 합니다. 우리는 심판자가 아닙니다. 하나님만이 심판자가 되십니다. 우리는 그저 전도자입니다.

예수님 곁을 지키던 제자들은 예수님을 독점한다는 생각에 특권 의식을 가지고 다른 사람들에게 배타적인 태도를 가졌을 수 있습니다. 예수님의 제자 요한도 그런 잘못을 한 적이 있습니다. "요한이 예수께 여짜오되 선생님 우리를 따르지 않는 어떤 자가 주의 이름으로 귀신을 내쫓는 것을 우리가 보고 우리를 따르지 아니하므로 금하였나이다"(막 9:38). 자연, 귀신, 질병, 사람 등 피조 세계 전체의 주권을 가지고 계신 '예수님의 이름'을 자신들만 독점하겠다는 의미입니다. 다른 누구도 예수님의 이름으로 전파하고 구제하고 축사하지 못하게 하겠다는 것입니다. 아집과 독선, 그리고 독점욕으로 가득 차 있는 요한은 선한 일을 두고도 '내 편, 네 편'을 나누었습니다.

하지만 요한이 놓치고 있는 것이 있었습니다. 귀신은 믿지 않는 사람에 의해 쫓겨날 수 없습니다. 귀신이 예수님의 이름을 사칭한다고 속지 않을 것입니다. 요한이 문제 삼고 있는 '주의 이름으로 귀신을 내쫓는' 그 사람도 예수님을 믿는 자요, 신실한 자일 것입니다. 소위 익명의 제자입니다. 그래서 그를 통해 성령의 역사가 일어나고 귀신 축사의 능력이 발휘된 것입니다. 단지 12명의 제자들처럼 예수님을 모시고 다니지 않는다는 이유로 금지할 명분은 없습니다.

이에 대해 예수님은 좀스러운 요한의 마음을 넓혀 주셨습니다. "예수께서 이르시되 금하지 말라 내 이름을 의탁하여 능한 일을 행하고 즉시로 나를 비방할 자가 없느니라 우리를 반대하지 않는 자는 우리를 위하는 자니라"(막 9:39-40). 중간층을 쓸어 안으라는 말씀입니다. 예수님은 제자들에게 '닫힌 마음' 대신 '열린 마음', 독선보다 포용력을 가지라고 말씀하셨습니다. 무례하지 말라고 하셨습니다. 예수님의 포용력을 볼 수 있는 장면입니다.

미국 기독교 여론 조사 기관 라이프웨이 리서치에 의하면, 20대 청년들이 교회의 기성세대에게 기대하는 것은 진정성과 포용력입니다. 하늘의 지혜를 받은 이들은 타인을 배척하고 무례하게 행동하는 것이 아니라, 존중하고 관용하고 용납하게 됩니다. "오직 위로부터 난 지혜는 첫째 성결하고 다음에 화평하고 관용하고 양순하며 긍휼과 선한 열매가 가득하고 편견과 거짓이 없나니"(약 3:17). 예배보다 화목이 먼저이고, 기도보다 용서가 선행

되어야 합니다. 나의 회개보다 나의 용서가 앞서야 합니다.

우리는 예수님에 대한 사랑과 충성과 헌신을 잘못 표현하는 경우가 많습니다. 자기 열심과 하나님을 위한 열심을 구별하지 못하고 자기 의와 하나님의 의를 구분하지 못한 나머지, 자기 열심과 자기 의에 사로잡혀 무례한 그리스도인이 되는 것입니다. 하나님이 기뻐하지 않으시는 방식으로 사역하고 살아가서는 안 됩니다.

그래도 다행인 것은 예수님께 책망받은 야고보와 요한이 나중에는 변화되었다는 사실입니다. 야고보는 최초의 순교자로, 요한은 마지막까지 사명을 지킨 사랑의 사도가 되었으니 말입니다.

기독교적 용기: 환대와 포용

기독교적 용기는 환대로 표현됩니다. 성도의 교제 밖에 있는 사람을 사랑으로 맞아 주는 것이 환대입니다. 아브라함과 롯처럼 정성을 다해 손님을 맞이하고 대접할 때 우리는 복을 받게 됩니다. "손님 대접하기를 잊지 말라 이로써 부지중에 천사들을 대접한 이들이 있었느니라"(히 13:2). 바울은 장로의 필수 자격에 나그네에게 친절을 베푸는 것을 넣었습니다. "책망할 것이 없으며 한 아내의 남편이 되며 절제하며 신중하며 단정하며 나그네를 대접하며 가르치기를 잘하며"(딤전 3:2).

교회사를 보면, 극단적 보수주의자들의 잘못된 열심이 하나님의 일을 얼마나 그르쳤는지 알 수 있습니다. 중세 암흑 시대에는 '마녀사냥'이라 하여 잔혹한 일을 벌였고, 하나님 나라 수호라는 미명 아래 신앙을 이데올로기 삼아 종교 전쟁을 일으키기도 했습니다. 아돌프 히틀러(Adolf Hitler)와 그의 지지자들은 유대인들을 학살하며 '예수님을 십자가에 못 박은 피 값을 치르는 것'이라며 자신들의 죄를 합리화했습니다. 세상에는 악한 일들이 많이 있지만, 종교적으로 악한 것이 제일 나쁩니다. 무례(無禮)를 넘어 무도(無道)한 일을 행하는 것입니다.

우리는 한 하나님, 한 중보자, 한 구원자를 섬깁니다. 자연 계시는 다양하지만, 특별 계시는 오직 한 분 예수 그리스도이시며, 오직 예수 그리스도를 믿는 믿음으로 구원을 받는다고 믿습니다. 이처럼 특수한 신앙 때문에 기독교는 본질상 배타적이고 독선적이고 독단적인 속성을 지닐 수밖에 없습니다. 기독교가 종교 다원주의와 상대주의를 결코 받아들일 수 없는 이유도 여기에 있습니다. 기독교의 교리 체계가 이를 용납하지 않는 것입니다. 그러나 기독교 신앙의 배타성이 타 종교에 대해 무례한 태도를 가져도 된다는 것을 의미하지는 않습니다.

비유하자면, 우리는 날카로운 양날을 가진 보검을 가지고 있습니다. 조심해서 다루지 않으면 자신도, 남도 그 칼날에 베일 수 있습니다. 복음은 보검입니다. 보검은 잘 만들어진 칼집에 보관하면서 사용해야 합니다.

그리스도인은 자신이 진리를 가지고 있다는 확신 때문에 타

문화와 타 종교와 다른 가치관을 너무 쉽게 깎아내리고 악마화하고 정죄하는 경향이 있습니다. 법당을 훼손하거나, 사찰에 가서 찬송가를 부르고, 안 믿는 사람들을 죄인 취급하거나, 전통 문화를 이교 문화로 치부하기도 합니다. 내가 확신하는 진리에 대해 분명하게 표명하는 것과 알지 못하는 것에 대해 속단하는 것은 별개의 일입니다.

요나서를 보면, 이스라엘의 선지자 요나는 완고하고 무뚝뚝하고 이기적이어서 이방인의 생명을 박 넝쿨만큼도 아끼지 않는 모습으로 묘사됩니다. 요나는 탕자의 비유(눅 15장)에서 아버지의 마음을 이해하지 못했던 집 안의 탕자, 큰아들의 모습입니다. 창조주 하나님은 믿는 사람들만의 하나님이 아니십니다. 사랑이 무례하지 않은 것처럼, 진리도 무례해서는 안 됩니다.

2020년 코로나19 방역과 8·15집회로 정부와 기독교계가 대립각을 세우고 있을 때 대통령의 초청을 받아 기독교계 대표 중 한 명의 자격으로 청와대를 방문했습니다. 그 자리에서 대통령으로부터 넥타이를 선물로 받았습니다. 화합을 도모하기 위해 정당별 상징 색을 사용해 특별히 제작한 넥타이였습니다. 다른 것은 몰라도 그 취지와 정신에 공감했습니다.

이후 한 기독교 프로그램에 참여하면서 그 넥타이를 착용했는데, 예상치 못했던 큰 곤욕을 치르게 되었습니다. 대통령과 정부에 불만을 가지고 있는 사람들이 유튜브 댓글로 온갖 비난과 비아냥을 쏟아 놓았습니다. 그리스도인을 대상으로 한 프로그램이었기에 댓글을 쓴 사람들도 대부분 그리스도인이었을 것입니다. 그럼에도 자기 생각이나 견해와 다르다는 이유만으로 무조건 비난하고 조롱하는 모습, 이것이 오늘 한국 교회의 현실입니다.

어떤 목회자는 거의 전업 정치인 수준의 발언을 하고 정치적인 행보를 보이기도 합니다. 목회자라고는 믿기지 않을 정도로 과격하고 극단적인 언사를 쏟아 냅니다. 이에 동조하는 일부 그리스도인들의 찬사와 갈채가 이어집니다. 하지만 이런 극단적 발언은 일반 대중에게는 기독교를 무례한 집단으로 보이게 만들 뿐입니다.

물론 목회자는 정치적 견해를 갖지 말라는 이야기가 아닙니다. 진보든 보수든 일정한 입장을 취할 수 있습니다. 다만 그것을 표현할 때는 예의가 있어야 합니다. 다름을 인정하지 않고 무례를 범하는 것은 참된 신앙, 복음적 신앙이 아닙니다.

신앙과 교양의 균형

기독교의 분명한 신념과 일반 시민으로서의 교양은 균형을 이루어야 합니다. 그래야 진정한 대화가 이루어지고 비신자들을 전도할 기회도 얻을 수 있습니다. 안타깝게도 겸손, 온유, 섬김, 존중, 친절, 인정, 배려, 희생, 경청, 절제, 환대, 포용, 관용, 아량, 인내, 화평 같은 기독교의 덕목들이 사라져 가고 있습니다.

그리스도인은 사회에서 자기 정체성을 분명히 지키면서도,

동시에 사랑의 관계를 통하여 참여하고 배우고 포용하고 영향을 줄 수 있는 투과성을 겸비해야 합니다. 이를 위해 황금률이 필요합니다. "그러므로 무엇이든지 남에게 대접을 받고자 하는 대로 너희도 남을 대접하라 이것이 율법이요 선지자니라" (마 7:12).

상담 사례를 하나 소개하겠습니다. 10년이나 중단된 신앙생활을 재개하고 싶다며 도움을 청한 남성이 있었습니다. 영적인 갈급함으로 연락을 해 온 그분이 신앙생활을 포기하고 교회를 떠나게 된 이유가 참 놀라웠습니다.

10년 전 친구의 장례식에 참석했는데, 장례를 집례하는 목사님이 고인이 된 친구에 대해 한 말에 상처를 받아서였습니다. 목사님의 말이, 친구의 아내가 남편의 구원을 위해서 그렇게 기도했는데 신앙을 갖지 못했고, 이제 불신 상태로 죽었으니 지옥밖에 갈 데가 없다는 것이었습니다. 아마도 목사님은 유족과 조문객들의 신앙을 북돋기 위해 그런 말을 했을 것입니다. 그러나 그 말을 들은 그는 목사의 무례함에 치를 떨며 신앙생활을 중단했습니다.

목사님은 아마도 시간과 열정을 기울여 고인이 된 친구를 전도했는데 그가 받아들이지 않아 아쉬웠을 수도 있습니다. 그러나 전도의 열의는 있었는지 모르나 교양과 예의는 없었습니다. 결과적으로, 목사님의 말은 유족과 조문객들에게 무례한 것이었습니다. 더 나아가 그런 무례를 범하면서 전한 복음의 메시지가 과연 열매를 맺었을지 의심스럽습니다. 무례한 말은 듣는 이의 마음을 결코 열지 못합니다.

우리가 진리를 확신하고 있다고 해서 진리를 전파할 때 무례할 필요는 없습니다. 온유한 마음으로 상대를 존중하면서 해야 합니다. "너희 마음에 그리스도를 주로 삼아 거룩하게 하고 너희 속에 있는 소망에 관한 이유를 묻는 자에게는 대답할 것을 항상 준비하되 온유와 두려움으로 하고"(벧전 3:15). '담대함'과 '확신'도 필요하지만, 더 필요한 것은 '온유'와 '두려움'입니다. 여기서 '두려움'은 존중하는 마음을 의미합니다.

초대 교회는 당대에 비주류와 섹트(sect)에 속했습니다. 상황상 온유와 절제와 예의를 지키지 않으면 생존할 수 없는 시대였습니다. 하지만 이런 겸손하고 온유한 자세는 기독교가 주류가 된 현재에도 계속 이어져야 합니다.

풀러 신학대학교의 전 총장, 리처드 마우(Richard Mouw) 박사는 《무례한 기독교: 다원주의 사회를 사는 그리스도인의 시민 교양》(IVP, 2014)이라는 책을 저술했습니다. 이 장의 제목도 이 책에서 영감을 얻었습니다. 마우 박사는 다음과 같이 말합니다.

> 시민 교양은 전도의 열매나 정치적 효과를 떠나서 그 자체로 귀중한 가치가 있다. 남을 존중하고 좀 더 온유한 사람이 되는 것 자체가 하나님의 뜻에 합당한 길이다. [11]

하나님의 본체이신 예수 그리스도가 보여 주신 성품은 온유와 겸손입니다. "나는 마음이 온유하고 겸손하니 나의 멍에를 메고 내게 배우라 그리하면 너희 마음이 쉼을 얻으리니"(마 11:29). 예수님께서는 어떤 무례함도 없습니다.

한마디로, 무례한 기독교는 기독교에 무익합니다. 저도 종교 다원주의, 낙태, 안락사, 사형 제도, 동성애, 동성 간 결혼을 반대합니다. 하지만 제가 동의할 수 없는 입장을 가진 사람들이라도 한 인격으로 그들을 존중합니다. 그들과도 얼마든지 대화할 용의가 있습니다. 대화의 목적은 진위 논쟁을 통해 상대를 굴복시키는 데에만 있지 않습니다. 혐오가 아닌 존중의 방식으로 저의 의견을 개진하고 설득할 뿐입니다. 그리고 기독교 목회자로서 그들에게 대안을 제시하는 일도 전개할 것입니다. 죄는 미워해도 죄인은 긍휼히 여겨야 합니다.

전 세계적으로 그리스도인은 이중적이고 위선적이라는 비판을 받고 있습니다. 특히 한국 개신교는 정치와 사회 문제에 대한 접근 방법이 매우 무례하다는 평가를 받습니다. 종교에 있어 이런 태도가 극단화되었던 것이 십자군 전쟁이나 이슬람 극단주의 IS 같은 것입니다. 무력을 통해서라도 자신의 신념을 관철하겠다는 것은 위험한 생각입니다. "복음이냐, 칼이냐", "한 손에는 칼, 한 손에는 꾸란(코란)" 식으로 양자택일을 강요하는 방식은 안 됩니다.

한국 그리스도인의 정신 속에는 십자군 의식이 있는 듯합니다. 우리 찬송가에는 군가 스타일이 많고, 호전적인 내용도 많습니다. 물론 사탄이나 마귀에 대해서 그런 각오와 다짐을 가지고 영적 싸움을 해야 하지만, 비신자들을 적이나 원수로 생각해서는 안 됩니다. 신앙의 열정이라고 말할 수도 있겠지만, 세상은 그런 태도를 혐오하고 거부합니다. 그래서 점점 기독교를 멀리합니다.

다양한 종교와 철학적 가치 체계에 둘러싸여 있던 초대 교회는 성령의 권능과 복음의 진리를 바탕으로 온유하면서도 능력 있게 기독교의 영향력을 확대해 나갔습니다. 교회는 많은 사람에게 칭찬을 받았고, 결국 구원받는 사람의 숫자가 나날이 늘어갔습니다.

오늘날 우리에게는 기독교적 교양이 필요합니다. 아브라함이 보여 준 유대교적 교양을 넘어 예수님의 모습을 본받아야 합니다. 예수님은 누구도 거부하지 않으시고 함께 어울리며 교제하셨습니다. 그러면서도 그들의 영적 필요를 아시고 하늘의 권능으로 채우셔서 결국 하나님의 사람으로 그들을 세우셨습니다.

진리에 대한 올바른 인식, 타인에 대한 애정 어린 감정, 그리고 구령의 열정이 복음 안에서 균형을 잡아야 합니다. 전도하는 방식이나 진리를 표명하는 방식에 있어서도 예절이 필요합니다. 구제할 때에도 구제받는 사람들의 마음을 상하게 하는 일이 없게 그들의 입장을 배려해야 합니다. 목적이 좋으면 수단도 좋아야 합니다. "꿩 잡는 것이 매"라는 식으로, 수단과 방법을 가리지 않고 목적을 이루려는 것은 이단과 사이비 집단의 행태일 뿐입니다.

///////

목회자와 교회의 리더들은 '비둘기같이 순결하고 뱀같이 지혜롭게' 복음을 전하기 위해(마 10:16) 더 많은 연구와 기도를 해야 합니다. 다른 사람들을 향한 기독교적 환대가 필요합니다. 문을 걸어 잠그는 것이 아니라, 세상과 더 많이 소통하고 교류해야 합니다.

우리가 세상을 너무 빨리 정죄하고 악마화하지 않았는지 돌아보고 점검해야 합니다. 우리가 하나님 편에 있으니 우리의 모든 언행은 정당하고 다른 사람들은 그렇지 않다고 판단하거나 무시하지 않았는지, 그들의 말을 경청하지는 않고 우리의 생각을 일방적으로 강요하지는 않았는지 생각해 봐야 합니다. 만약 그렇게 전하고, 그렇게 살아왔다면 결과적으로 우리는 주님의 일을 어렵게 하고 전도의 문을 막은 것입니다.

우리의 목적은 세상을 교회의 원수로 규정하고 심판하는 것이 아니라, 복음 안에서 생명의 유업을 함께 받을 예비된 형제자매로 만드는 것입니다. 교회 밖의 사람들을 멸망받을 이방인으로 대해서는 안 됩니다. 무례함으로는 결코 하나님의 일을 이룰 수가 없음을 기억해야 합니다.

무례한 기독교 극복을 위한 공동 기도문

◆

자비로우신 하나님 아버지, 부족하고 연약한 우리를 변함없는 사랑으로 안아 주시는 주님의 은혜에 깊은 감사를 드립니다. 주님은 우리의 죄를 용서하시고, 어리석음도 참아 주시고, 언제까지나 기다리며 용납해 주십니다.

주님의 은혜와 긍휼에 감격하여 그 사랑을 전하겠다고 다짐하면서도 이웃에게 무례한 말과 행동으로 불쾌함과 상처를 주었음을 회개합니다. 예수님의 넓은 십자가의 사랑으로 세상을 포용하고 사랑하기를 원합니다. 환대의 미덕을 발휘하여 나와 생각이 다른 사람도 받아들이고 교제함으로 우리의 세계가 확장되게 하소서. 사랑은 무례히 행하지 않는다고 했는데, 친절한 마음으로 이웃을 대하고 사랑하게 하소서. 우리의 무례함 때문에 하나님의 영광을 가리지 않도록 온유함과 겸손을 우리에게 가르쳐 주소서. 예수님의 이름으로 기도합니다. 아멘.

이제는 윤리 목회입니다

H. B. 런던(H. B. London Jr.) 목사는 15년을 목회한 후에 영적인 좌절감에 싸여 하나님 앞에 다음과 같이 기도했다고 합니다.

> "하나님, 이 일에서 벗어나고 싶습니다. 목회를 그만두고 싶습니다. 저는 이 교회에 적합한 사람이 아닙니다. 가식적으로, 연기하듯 살고 있습니다. 저를 그만두게 하셔야 합니다. 저를 명예롭게 내보내실 수 있으시다면 참으로 감사한 일이지만, 명예롭지 못하게 쫓아내시더라도 괜찮습니다. 내면의 이 고통을 안고서는 더 이상 계속할 수 없습니다."[1]

아마 이러한 갈등은 성령의 인도하심을 받으며 목회하려고 힘쓰는 목회자들에게 때때로 일어나는 마음일 것입니다. 런던은 이때에 하나님의 강한 임재를 느꼈고, 그 후에 목회가 변했다고 고백합니다.

목회자는 무엇을 하는 사람입니까? 목회자가 자신의 역할을 바로 알고 열정적으로 사역을 하면, 목회자와 교인들 모두가 행복한 목회가 될 수 있습니다. 목회자가 영적으로 건강하려면 먼저 기도, 성경 읽기, 경건 서적 읽기, 경건한 생활을 통하여 자신을 잘 관리해야 합니다. 목회자가 바른 영성을 유지하기 위해서는 바쁜 일정, 일에 대한 압박감, 세속적 가치관을 거부해야 합니다. 자신의 영성을 단지 기능을 수행하기 위한 수단으로 만들어서는 안 됩니다. 목회는 개인의 영적 성장을 통하여 나타나는 결과요 열매가 되어야 합니다.

그리스도 안에서 모든 직업(vocation)은 하나님을 섬기는 성직이 되어야 하지만, 특별히 목회직은 직접적으로 하나님을 향하는 거룩한 부름이 있습니다. 따라서 하나님이 자신을 목회자로 부르셨다는 '부르심 가운데 부르심'(calling of callings) 의식이 있어야 합니다.

영적으로 보면 목회직은 어떤 직종보다 위험한 직업입니다. 목회는 시시각각 영적인 싸움의 연속입니다. 목회는 영적 싸움의 최전선에서 사탄의 일들과 대적하고 있습니다. 그만큼 많은 위험과 유혹에 노출되어 있습니다. 이런 역할을 수행하는 목회자는 영적으로 깨어 있지 않으면 안 됩니다.

유진 피터슨은 목회의 무게 중심을 잡는 3가지로 기도, 성경, 영적 지도(돌봄)를 꼽았고, 그리고 이것들 사이의 균형을 말했습니다. 3가지의 건전한 균형 가운데 설교와 교육과 행정이 이루어져야 한다고 했습니다.

목회자의 활동을 외부적으로 평가할 객관적인 기준은 없습니다. 그러므로 하나님 앞에서 자신만의 내면의 기준을 가져야합니다. 자신이 얼마나 하나님께 충실하며, 자기 양심에 비추어얼마나 떳떳하며, 얼마나 신자들을 사랑하는지는 자신만이 압니다. 유진 피터슨은 이렇게 말합니다.

목회라는 영역처럼 그렇게 쉽게 결점을 감추고 겉모습을 그럴듯하게 꾸밀 수 있는 다른 직업은 거의 없을 것입니다.[2]

목회자는 진정한 목회자가 아니면서도 목회자인 양 가장할수 있다는 것입니다. 그러므로 외부적인 것을 통하여 인정을 받고 외부적인 업적을 쌓으려는 모든 노력은 허망합니다. 내면이부실할수록 밖으로 꾸미는 법입니다.

목회가 왜 어려운가요? 목회자는 거룩한 삶에 헌신해야 하기때문입니다. 죄악성을 지닌 나약한 인간이면서 전능하신 하나님을 섬겨야 하기 때문입니다.

목회자와 사역

이솝 우화에 "황금 알을 낳는 거위" 이야기가 있습니다. 이 우화는 주어진 행운에 만족하지 못하고 욕심을 부리다가 손에 쥔 복까지도 잃어버리게 된다는 교훈을 담고 있습니다. 이것을 목회에 적용하면 어떻게 될까요?

한국 교회는 세계 교회가 주목할 만한 성장과 부흥을 이루었습니다. 한국 교회와 성도들은 가히 '황금 알을 낳는 거위'라고 말할 수 있습니다. 그런데 문제는 농부가 황금 알에 대한 욕심이 지나쳐 거위를 단순히 황금 알을 낳는 도구로 본 것입니다. 급기야 어리석은 농부는 더 많은 황금을 한꺼번에 얻기 위하여 거위를 잡았습니다. 목회자가 신자를 목적으로 대하지 않고 부흥을 위한 수단으로 본다면, 어리석은 농부와 다를 바가 없습니다.

목회의 원칙은 어디까지나 신자가 건강한 신앙생활을 하도록 잘 돌보는 데 있습니다. 황금 알에 관심을 두는 패러다임은 신자들을 희생시킵니다. 목회자들이 신자를 교회 부흥을 위한 도구 정도로 생각했다면 회개해야 합니다. 교회 성장 프로그램보다 더 중요한 것은 건강한 목회입니다. 건강한 교회는 자연적으로 성장하게 되어 있습니다. 그러므로 목회자와 신자 간의 영적이고 정서적인 건강한 관계가 중요합니다. 건강한 관계는 목회자 자신의 사람됨에서 시작됩니다. 목회는 목회자의 영적 생활에 달려 있습니다. 헨리 나우웬은 이렇게 말합니다.

> 목회와 영성은 결코 분리될 수 없습니다. 목회는 아침 8시부터 오후 5시까지 근무하는 하나의 직업이 아닙니다.[3]

목회라는 전문직이 성직자의 생활 수단으로 전락하지 않으려면, 목회가 목회자의 영성 생활에 깊이 뿌리를 내리고 있어야 합니다.

목회자는 신자이면서 목사입니다. 목회의 많은 문제는 직업으로서의 목사와 신실한 신자 사이의 분열 때문에 발생합니다. 목사는 목회자 이전에 좋은 신자가 되어야 합니다. 한경직 목사님은 생전에 목회자들에게 "예수님 잘 믿으세요"라고 말했다고 합니다.

현재의 신학 훈련이 영성을 길러 주는 기도, 성경 읽기, 경건 생활보다 신학적 지식과 전문적 목회 훈련에 주안점을 두다 보니 마땅히 갖추어야 할 기본적인 신앙과 성품을 길러 주지 못했습니다. 목회는 전문 기술이 아니라, 경건한 신앙이요 영성입니다. 목회자의 기본 영성 행위인 기도, 성경 읽기, 묵상은 긴급하지도 않고 노출되지도 않기 때문에 소홀히 하기 쉽습니다. 목회자가 자신의 영성을 의식적이고 기능적인 것으로 만들면 영적 생명력이 새어 나갑니다.

목회라는 전문직이 성직자의 생활 수단으로 타락하지 않으려면, 목회는 교역자 자신의 영성 생활 안에 그 뿌리를 깊이 두어야 합니다. 엘리의 두 아들 홉니와 비느하스는 '거룩'에 자주 노출되면서도 생활이 변화되지 않았기 때문에 종교가 의식적이고 기능적인 것으로 전락했습니다.

목회자는 잘못하면 진리에 과다하게 노출되어 있으면서도 반응이 미달되기 때문에 영적인 민감성이 사라질 위험이 있습니다. 그래서 종교적으로 잘못되면 다른 무엇보다 강퍅하게 됩니다. 그러므로 목회자는 성령에 더욱 민감하게 반응하며 믿음 생활에 힘써야 합니다.

기도 사역

사도행전 6장 4절에서 사도들은 "우리는 오로지 기도하는 일과

말씀 사역에 힘쓰리라"라고 선언했습니다. 목회자는 먼저 기도
하는 자입니다. 자신을 위해 기도하고, 목양을 위해 기도해야
합니다. 목회자는 하나님과 항상 친밀함을 유지해야 합니다. 기
도는 하나님과 나의 관계를 '나와 당신', 즉 2인칭의 관계로 유
지시켜 줍니다. 하나님은 제3자가 아니라 2인칭이서야 합니다.

목회자는 말씀을 전하기에 앞서 하나님 앞에 신자들의 이름을
불러 가며 기도해야 합니다. 기도로 목회를 하는 것입니다. 기도
사역입니다. 신자들에게 하나님의 말씀을 선포하는 설교도 중요
합니다. 그러나 그것보다 먼저 신자들을 위해 하나님 앞에 기도
하는 자가 되어야 합니다. 목회는 기도로 사역하는 법을 배우는
것입니다. 기도함으로 하나님이 일하시는 모습을 보는 것입니다.

설교보다 기도가 우선입니다. 설교는 신자들에게 하나님의
말씀을 대언하는 영광스러운 것이지만, 기도는 하나님께 신자
들을 위해 말씀을 드리는 위대한 일입니다. 날마다 기도 시간을
정하고, 기도의 분량을 채우고, 기도로 사역해야 합니다.

말씀 사역

그리고 목회자는 설교하는 자입니다. 하나님의 말씀을 전하기

위해서는 성경의 저자이신 성령의 영감을 받아야 합니다. 성령
은 말씀을 계시하신 분일 뿐 아니라 같은 계시의 영으로 우리에
게 말씀을 깨닫게 하시는 분입니다.

설교자는 성경에 기록된 말씀을 '오늘 우리에게' 주시는 말씀
으로 들리게 하는 역할을 맡았습니다. 이런 역할을 잘 감당하기
위해서는 성경을 깊이 있게 연구해야 합니다. 먼저 하나님께 들
어야 합니다. 설교하기 위해서가 아니라, 하나님이 자신에게 주
시는 말씀을 먼저 들어야 합니다. 말씀을 듣기 위해서는 침묵과
고독의 여유로운 시간이 필요합니다.

메신저(messenger)가 메시지(message)에 영향을 미칩니다. 심지
어 '메신저가 메시지'라고 표현되기도 합니다. 그러므로 메시지
이전에 메신저의 삶이 중요합니다. 설교자의 인품, 신자와의 평
소 관계의 질이 설교의 신뢰도를 결정합니다. 신뢰도가 높아야
의사소통도 원활하고 말씀도 신빙성이 높아집니다. 그러므로
설교자가 먼저 말씀대로 살아야 합니다. 자신이 먼저 말씀을 실
행해 본 다음에 말씀을 전해야 합니다. 자기 삶에서 검증된 말
씀을 가르쳐야 합니다.

목회자는 에스라처럼 3가지 결심을 해야 합니다. "에스라가

여호와의 율법을 연구하여 준행하며 율례와 규례를 이스라엘에게 가르치기로 결심하였었더라"(스 7:10). 말씀을 먼저 연구하고, 스스로 준행하고, 후에 남에게 가르치는 것입니다.

> 설교는 설교자 자신이 자기 메시지를 삶으로 구현하고 호흡해야 합니다.[4]

자기 자신이 자기가 전하는 메시지의 일부라는 것을 보여 줄 수 있어야 합니다. 자신이 행하지 않고 하는 설교는 위선입니다. 설교와 삶이 유리되면 이중인격자가 됩니다.

설교가 어려운 까닭은 말하기가 어려워서가 아닙니다. 자신이 그렇게 살지 못하기 때문에 어려운 것입니다. 설교에도 고도의 윤리가 필요합니다. 설교를 절대 남용해서는 안 됩니다. 회중을 위협하여 자신의 뜻을 관철하려고 설교하는 것은 하나님의 이름을 망령되게 부르는 죄입니다.

말을 많이 하는 설교자로서는 특별히 언어의 사용에 유의해야 합니다. 정죄하고 비난하고 공격하고 막말을 하는 것은 언어폭력에 해당합니다. 다른 사람의 명예를 훼손해서는 안 되고, 목회자가 취득한 개인적인 정보의 익명성을 보장해 주어야 하고, 정확한 정보에 근거하여 하나님이 주시는 말씀을 대언해야 합니다.

설교를 준비하거나 전달하는 데 있어서도 정직해야 합니다. 남의 설교를 표절하거나 도용하는 행위는 다른 사람의 재산을 훔치는 것과 같습니다. 적절하게 근거를 밝혀서 지식 재산권을 침해하지 말아야 합니다.

돌봄 사역

마지막으로 목회자는 회중을 하나님께 인도하는 사람입니다. 회중을 돌보기 위해서는 그들의 말에 귀를 기울이고, 그들의 필요를 세심히 살펴야 합니다. 목회자는 교회를 운영하기보다는 영혼을 치유하고 돌보는 사역에 힘써야 합니다.

교인이나 목회자는 기본적으로 하나님 앞에 불쌍한 죄인입니다. 목회는 죄인이 죄인인 인간을 돌보는 것입니다. 디트리히 본회퍼(Dietrich Bonhoeffer)는 "이 백성이 필요로 하는 선한 목자는 어디에 있었는가? 백성을 강제로 교육하는 율법학자들이 있었지만, 그것이 무슨 도움이 되었겠는가? 죄인을 가혹하게 정죄하기만 하고 도와주지는 않는 율법주의자들이 있었지만, 그것이 무슨 도움이 되었겠는가? 하나님의 말씀을 가장 독실하게 선포하고 해석하는 사람들이 있었지만, 그들이 착취당하고 학대받는 백성을 보고도 자비와 슬픔을 느끼지 못하는데, 그들의 존재가 무슨 도움이 되었겠는가? 공동체에 목자들이 없는데, 율법학자, 율법주의자, 설교자가 있다고 한들, 그것이 무슨 도움이 되었겠는가? 양 떼에게 필요한 이는 선한 목자들, '목사들'이다"라고 말했습니다. [5]

목회자는 메시아가 아닙니다. 하나님의 대행자도 아닙니다. 목회직은 지위가 아니라, 은혜로 감당해야 하는 직분입니다. 하나님의 교회는 나 같은 목회자 없이도 얼마든지 잘될 수 있습니다. 다만, 나의 사역은 하나님의 은혜로 주어진 것입니다.

목회자와 교인의 관계는 직업적 계약이 아닙니다. 하나님의 언약입니다. 이것은 마치 부부 관계가 당사자 간의 계약이나 약속이 아니라, 하나님이 함께하시는 언약인 것과 마찬가지입니다. 목회자는 교회와 결혼했습니다. 언약에는 하나님의 자리가 있고, 서로에 대한 무조건적인 헌신이 전제되어 있습니다. 그리고 목회의 영역은 단지 교회 회중에게만 국한된 것도 아닙니다. 지역 사회와 세상을 향해 열려 있어야 합니다. 예비 신자도, 사회와 국가도 목회자가 사역해야 할 대상입니다.

목회자의 직분과 기술은 다릅니다. 목회자는 교인들을 만족시키는 것 이상의 의무를 가집니다. 목회자는 거룩한 삶에 헌신한 사람입니다. 목회자에게는 고도의 윤리가 요구됩니다. 목회하는 가운데 알게 된 개인적인 정보에 대하여 비밀을 보장해야 합니다. 목회자는 공적 목양과 사적 돌봄 사이의 모호한 경계 때문에 성적인 위험에 노출되기도 합니다. 영적, 감정적 친밀감이 육체적 관계로 발전할 위험성이 있습니다. 그러므로 특별히 조심해야 합니다.

목회자에게 기도가 설교보다 중요합니다. 설교가 행정보다 중요합니다. 가정이 회중보다 우선합니다. 성실함이 성공보다 중요합니다. 사랑이 능력보다 중요합니다. 올바른 목회가 성공한 목회보다 중요합니다. 목회란 '무슨 일을 하느냐'가 아니라, '어떤 사람이 되느냐'의 문제입니다.

목회자와 윤리

지금 한국 교회는 안팎으로부터 수없이 많은 도전을 받고 있습니다. "예수는 좋은데, 교회는 싫다. 목사는 더 싫다"라는 말을 많이 듣고 있습니다. 우리는 기독교에 대한 신뢰성 회복 운동을 일으켜야 합니다.

한국 갤럽에서 발표한 "한국인의 종교와 종교 의식"을 보면, 1980년대까지 성장하던 한국 종교가 1990년대부터 쇠퇴하기 시작했습니다. 종교 인구의 감소 요인은 주로 남성, 젊은 층, 고학력자들이 종교를 떠났기 때문입니다. 이들 종교 이탈자 중 젊은 층과 지식인 층 사이에서 개신교에 대한 호감은 낮아지고 있는 반면에, 가톨릭에 대한 호감은 높아지고 있습니다. 종교를 믿지 않는 이유로는 종교에 대한 불신과 실망 같은, 종교에 대한 부정적인 인상이 과반을 차지하고 있습니다.

기독교윤리실천운동이 발표한 2013년도 "한국 교회 사회적 신뢰도 여론 조사"에 의하면, 한국 교회 신뢰도는 5점 만점에 2.6점으로 나타났습니다. 성인 10명 중 2명만이 한국 교회를 신뢰한다는 수준입니다.

타 종교와 비교했을 때도 가톨릭(29.2%), 불교(28%)에 비해 기독교는 최하위입니다. 특별히 비그리스도인들이 가장 신뢰하는 종교는 가톨릭(47%), 불교(38%)에 이어 기독교는 12.5%에 불과합니다. 신뢰하지 않는 이유로는 언행일치가 되지 않아서 (24.8%), 교회 내부적 비리와 부정부패가 많아서(21.4%), 타 종교에 대한 무관용(10.2%), 강압적 선교 방식(10%) 순으로 나타났습니다. 한국 교회 신뢰도 제고를 위해 가장 시급한 것은 "윤리와 도덕 실천 운동"이 45.4%로 가장 높은 순위를 차지했습니다.

이런 통계치를 고려해 볼 때 교회의 침체와 쇠퇴는 교회 신뢰도의 하락과 맞물려 있습니다. 교회에 다니다가 이탈하는 사람은 많고, 더 이상 전도는 되지 않습니다. 교회 쇠퇴의 원인에는 사회적, 경제적, 정치적, 문화적 요인도 있겠지만, 보다 근본적으로는 교회와 목회자와 신자가 걸림돌이 되고 있습니다.

지난날 국가 경제 위기를 촉발시켰던 외환 위기가 국가 경제의 대외 신인도의 하락에서 연유된 것처럼, 한국 교회의 침체 역시 사회적 공신력의 하락에 그 이유가 있습니다. 교회에 다니는 사람이나 그렇지 않은 사람이나 윤리적 행동에는 차이가 없다고 합니다. 신뢰도 하락의 원인은 교회의 물량주의, 개교회주의, 성직자의 타락, 언행의 불일치, 사회적 영향력 약화에 기인합니다. 초대 교회는 '금과 은'은 없어도 '예수의 이름'의 권세는 있었는데, 작금의 한국 교회는 '금과 은'은 있어도 '예수의 이름'은 잃어버렸습니다.

한국 교회가 지탄받는 것은 교회의 사유화와 권력화입니다. 사회와 언론은 목회자 세금 문제, 담임 목사직 세습 문제, 교회 재정 투명성 문제, 목회자 사생활을 문제 삼아 반기독교 세력과 합세하여 연일 공세를 지속하고 있습니다. 지금 교계는 독단적 교회 운영, 금권 선거, 성직 매매의 덫에 빠져 있습니다. 권력에 대한 욕심 때문에 선거가 혼탁해졌고, 교회 내 자정 능력이 상실되어 교회 문제를 사회 법정에 가져가 재판을 받고 있습니다.

한국 교회의 침체는 교회의 물질 중심의 가치관과 우상 숭배와 대외 공신력의 붕괴에 기인합니다. 교회가 제 역할을 감당하기 위해서는 하나님 중심의 가치관을 재정립하고, 대외 신뢰도를 회복해야 합니다.

이제부터 교회에 대한 긍정적이고 새로운 이미지를 만드는 것이 중요합니다. 이제 교회나 신자들은 무슨 일을 할 때 기독교 전반의 이미지에 미치는 영향을 생각하며 행동해야 합니다. 목회자 한 사람, 교회 하나의 일이 전체 기독교 이미지에 미치는 영향이 지대합니다. 목회자 한 사람이 타락하면 기독교 전체의 사기와 평판을 떨어뜨립니다.

그러므로 목회자들은 윤리 목회를 해야 합니다. 사람들의 마음을 살 수 있는 감동 목회를 해야 합니다. 교회 재정과 행정의 투명성도 확보하여 교회 안팎으로부터 신뢰를 얻어야 합니다. 신뢰도의 회복을 위해서 믿음의 생활화가 중요합니다. 사회봉사와 구제에도 앞장서고, 무엇보다 깨끗하고 정직한 생활을 해야 합니다. 신앙생활과 교회의 구조 조정도 과감하게 시행하여 거품을 제거하고, 버릴 것은 과감히 버려야 합니다. 더 나은 '긍정을 위한 부정'이 있어야 합니다. 그리고 한국의 미래를 위한 새로운 비전을 제시해야 합니다. 솔선수범하여 나눔과 섬김과 돌봄의 삶을 삶으로써 선한 영향력을 확대해 가야 합니다.

딘 호지(Dean Hoge)는 교회 성장 요인 가운데 '가치구조이론'(Value structure theory)을 제시했는데, 이는 교회의 가치가 일반적 가치의 표상이 될 때 참여를 촉진시킨다는 것입니다. 교회가 건전하고 바람직한 가치관의 산실이 될 때 사람들이 교회로 모여듭니다.

한때 한국 교회는 국민에게 이러한 기대를 주었습니다. 그런데 근자에 이르러 그러한 기대가 번번이 좌절되면서 희망이 실망으로 바뀌어 사람들이 교회를 등지게 되었습니다. 한국 교회의 영적 위기는 곧 한국 교회가 윤리적으로 탁월성을 보여 주지 못했다는 것입니다.

교회의 윤리적 탁월성은 신앙인들 개개인의 삶으로부터 목회자와 교회의 행정과 재정을 포함한 모든 분야에 걸쳐서 요구됩니다. 지금은 교회가 세상의 죄로 고통당한다기보다 세상이 교회의 죄로 인해 고통을 당하고 있습니다.

공(公)의 윤리

우리 사회의 병폐는 배타적 경쟁심이 강한 소유욕과 사치, 향락 풍조, 그리고 타인과 공동체에 대한 배려 없는 이기심입니다. 여기에는 공적인 것을 사유화하려는 유혹이 도사리고 있습니다. 공적인 것을 사유화해서는 안 됩니다. 공(公)이 사유화되어 가는 과정이 타락이요, 독점되어 가는 것이 죄의 역사입니다.

고대 이스라엘에는 절대적 사유재산이라는 사상이 없었고, 재산은 공동체의 권리와 가족의 삶의 연장이었습니다. 그러므로 원래 "도둑질하지 말라"(출 20:15)라는 제8계명은 공동의 소유를 사적인 소유로 만들지 말라는 말씀이었습니다. 광야 생활을 할 때 주어진 이 말씀은 사유재산을 보장하는 말씀이기보다는 사유화를 저지하는 말씀이었습니다.

성경의 이야기를 살펴봐도 악은 언제나 공(公)을 사유화하는 데서 발생했습니다. 아담의 이기심은 선악과를 따 먹는 것으로 나타났는데, 이것은 하나님의 것을 자신의 것으로 찬탈하고 반역하는 행위입니다. 가인이 아벨을 죽인 사건도 하나님을 독점하려는 가인의 이기심에서 비롯된 것입니다.

하나님을 사유화하려는 것은 하나님을 개인의 수호신이나 부족의 신으로 전락시키려는 것으로, 역사 속에서 수많은 이단이 시도한 것입니다. 극단적인 근본주의 종교 지도자들도 하나님에 대한 배타적인 소유권을 주장하면서 온갖 영적 남용을 일삼은 경우가 많습니다. 하나님은 '공'(公)이십니다. 누구도 독점할 수 없는 분이십니다. 아간의 범죄(수 7장)는 하나님이 주신 승리로 개인의 사욕을 채운 것으로, 거룩한 전쟁을 탈취하는 행위로 만들어 공동체를 파괴한 사건입니다. 한국 교회에 하나님이 주신 부흥을 목회자나 어떤 개인이 사적으로 유용하는 것은 이에 상응하는 중대한 범죄 행위입니다.

지금 우리에게 공(公)의 사유화가 중대한 문제로 부각되고 있습니다. 이것은 어떻게 보면 교회 성장과 부흥의 공로자라고 생각하는 이들에 의해 자행되고 있습니다. 우리는 공(公)의 윤리를 확립해야 합니다. 교회의 공교회성을 분명히 해야 합니다.

교회가 공사(公私)를 구분하기가 힘들게 된 것은 교회를 개척할 때부터 교회 유지를 개척자가 했기 때문입니다. 그러던 것이 교회가 성장하면서 마치 교회의 재정이 목회자의 것인 양 오용되기 시작했습니다. 개척자가 책임을 지던 것에서 자연스럽게 그의 권한으로 바뀐 것입니다. 그러므로 목회자 스스로 권한을 내려놓는 훈련이 필요합니다. 적합한 시스템을 갖추고 투명하게 재정을 유지하는 데 목회자 스스로 노력을 해야 합니다.

하나님의 역사는 사(私)를 공유하는 방향으로 나타납니다. 하나님의 역사는 물질을 공유하고, 재능을 공유하고, 심지어 생명을 공유하는 차원까지 나아갑니다. 예수님의 공생애는 자신의 삶을 모든 이에게 나누는 생활이었습니다. 물질의 공(公) 개념을 넘어 자신의 삶조차도 타인을 위해서 주는 공적인 삶으로 나아가신 것입니다. 예수님은 공인(公人)이셨습니다.

예수님의 광야 시험의 요체는 예수님 자신의 능력을 이기적인 목적을 위해 사용하라는 유혹이었습니다. 개인의 사사로운 이익을 위하여 하나님이 주신 공적인 힘을 사용하라는 것이었습니다. 즉 공(公)의 사유화에 대한 유혹입니다. 그러나 예수님은 단호하게 이 유혹을 물리치시고 공적인 삶을 개시하셨습니다. 결국 예수님의 십자가는 자신을 모든 사람에게 내어 주신 공적 삶의 결정판이었습니다. 십자가 정신은 멸사봉공의 정신입니다.

민주주의 실현에서 '나의 자유', '나의 권익' 등 권리 의식만 내세우면 부정과 부패와 약육강식의 탐욕스러운 사회로 전락하게 됩니다. 타인의 자유와 권익에 대한 의무 의식이 있어야 더불어 사는 사회를 만들어 갈 수 있습니다.

이제 세상에서의 가장 큰 비극은 흑백 차별도 아니고, 남녀 차별도 아니라, 빈부 격차의 심화입니다. 자본주의가 안고 있는 빈익빈 부익부의 구조적인 폐단은 공(公)의 윤리를 확립할 때 해결의 실마리를 찾을 수 있습니다. 이런 면에서 '이기심'(私)에 기반을 두고 있는 자본주의 정신은 '이타심'(公)에 근거한 기독교 윤리의 구원을 받아야 합니다.

우리가 극복해야 할 후진적 병폐는 이기주의입니다. 개인들은 이기적 발상을 넘지 못하고, 그런 개인들이 모인 사회 조직은 집단 이기주의를 벗어나지 못하고 있습니다. 지금 사회에 난무하고 있는 것은 개인과 집단의 이기주의입니다. 몇몇에 의해 독점되었던 정치는 좁은 나라를 지역적 이기주의로 나누어 놓고, 대통령이 되기 위해 정당을 만들고, 정치인을 능력이나 도덕성보다는 보스나 계파에 대한 충성도에 따라 기용하며, 보스들은 자기 사람 만들기에 공을 들이는 '패거리 정치'를 양산했습니다.

심지어 목회자들 가운데도 신자들을 교회 부흥의 수단으로 보거나, 후임자를 자기 뜻에 맞는 사람을 무리하게 세우거나, 교회의 재산을 개인적으로 유용하거나, 교회에서 부여한 권한을 사사롭게 사용하고 있습니다.

공(公)의 윤리를 구체화하기 위해서는 연대 의식, 나눔 의식, 청지기 의식이 필수적입니다.[6] 연대 의식이란 어려움을 당한 이웃들의 아픔을 공감하고 동참하는 마음입니다. 나눔 의식이란 어려움을 당한 이웃에게 내가 가진 물질, 시간, 재능 등을 자발적으로 공유하는 것입니다. 청지기 의식이란 내가 가진 모든 것을 나의 개인 소유가 아니라, 남을 위해 맡았다는 생각으로 활용하는 것입니다.

목회직은 공적인 영역과 사적인 영역의 경계가 모호할 때가 많습니다. 사역하는 시간이나 장소, 그리고 분야에 있어서도 그렇습니다. 따라서 더욱 주의를 해야 합니다. 공인으로서 목회자의 처신을 바르게 해야 합니다. 이제 목회자로 부름을 받았으니, 사심을 내려놓고 모세나 바울같이 공생애를 살아야 합니다.

변화 지수

후기 현대 사회에서 '변화'는 변하지 않는 유일한 원칙입니다. 21세기는 IQ(Intelligence Quotient, 지능 지수)와 EQ(Emotional Quotient, 감성 지수), MQ(Moral Quotient, 도덕 지수), SQ(Spiritual Quotient, 영성 지수)를 넘어 CQ(Change Quotient, 변화 지수)의 시대입니다. 변화에 적응하기 위해서는 기존의 상식과 습관의 틀을 깰 줄 알아야 합니다.

사실 변하지 않는 것은 없습니다. 문제는 변화의 속도입니다. 얼마나 빨리, 바르게 변하느냐입니다. 대부분의 문제는 변하는 속도 차이에서 비롯됩니다.

앨빈 토플러(Alvin Toffler)는 그의 저서 《부의 미래》(청림출판, 2006)에서 미국의 주요 기관이 변화하는 속도를 고속도로를 달리는 자동차에 비유했습니다.[7] 이 책에 따르면, 선두권에서는 기업(시속 160km), 시민 단체(시속 144km), 그리고 가족(시속 96km)이 엄청난 속도로 달리고 있습니다. 그 뒤를 노동조합(시속 48km), 정부 관료 조직과 규제 기관(시속 40km), 학교(시속 16km), 국제기구(시속 8km), 정치 조직(시속 4.8km)이 달리고 있고, 가장 느린 차는 법과 종교(1.6km)라고 합니다.

이를테면 가정의 문제는 내부 문제일 수도 있지만, 세상의 변화에 적응하지 못한 시차에서 비롯되기도 합니다. 더 이상 학교는 기업이 필요로 하는 인재를 배출하지 못합니다. 그래서 기업이 필요한 인재를 뽑아 산학협동으로 학교에서 교육하여 데려다 씁니다. 교회가 외면당하는 것도 변화 속도에 기인하고 있습니다. 사회가 변하는 속도를 교회 내부에 적절하게 반영하지 못했기 때문에 교회가 중심부에서 이제 변두리로 밀려났습니다. 이전에는 교회가 세상을 선도했는데, 이제는 뒤처진 집단이 되었습니다.

지금 세상이나 신앙생활에 있어서 변화의 트렌드는 '행위(Doing)에서 존재(Being)로', '소유(Possess)에서 공유(Access)로', '성공(Success)에서 의미(Significance)로', '속도(Speed)에서 방향(Direction)으로', '성장(Growth)에서 성숙(Mature)으로', '사업(Business)에서 사역(Ministry)으로' 가고 있습니다.

새로운 인물은 새로운 패러다임을 가지고 옵니다. 어떤 면에서 보면, 사람은 새로운 패러다임을 전달하는 매체입니다. 모세에서 여호수아로, 사울에서 다윗으로, 엘리야에서 엘리사로 리더십이 교체되는 것은 단순히 인물만이 아니라 새로운 패러다임이 도입되는 것입니다. 이스라엘을 광야에서 인도한 모세의 리더십은 가나안을 정복할 여호수아의 리더십으로 바뀌어야 할 필요성이 있었습니다. 메신저가 메시지인 셈입니다.

그런데 메신저가 적극적인 변화를 끊임없이 도모하면 메신저가 바뀌지 않고도 다양한 메시지를 전달하는 역할을 계속할 수 있습니다. 새로운 패러다임을 끊임없이 도입하는 사람은 그의 유효성을 계속 이어 갈 수 있다는 말입니다. 그러나 계속 변하지 않으면, 그 사람은 한 시대의 역할로 그의 사명을 다하게 됩니다. 하나님은 사람이 변하지 않으면 사람을 교체하십니다. 결국 사람이 바뀌느냐, 아니면 패러다임이 바뀌느냐 양단간에 선택입니다.

저는 20세기에서 21세기로 넘어오면서 일어난 3가지 중대한 변화의 패러다임을 "삼중혁명"이라고 불렀습니다.[8] '유형에서 무형으로', '외면에서 내면으로', '강함에서 유연함으로'가 그것입니다. 이 중에 윤리와 관련되어 있는 것은 '외면에서 내면으로'의 변화입니다. 외부에 대한 관심으로부터 내면에 대한 관심으로의 변화가 일어나야 합니다.

우리는 소명이 내면의 나침반 역할을 했던 '내면 지향적인' 청교도 세계로부터, 동시대의 사람이 인도자가 되어 버린 '외면 지향적인' 현대 세계를 살고 있습니다. 그래서 우리는 마치 레

이더에 포착된 물체를 잡으려고 바삐 달려가는 모습이 되었습니다. 우리는 내면의 소리, 나침반을 따라야 합니다.

로리 베스 존스(Laurie Beth Jones)는 《최고 경영자 예수》(한언, 2005)에서 예수님은 삶을 경영하실 때 내면에서 외부로 경영하셨다고 말합니다.[9] 내면의 삶을 먼저 가꾸고, 그런 다음 밖을 향해 나아가는 방식입니다. '안에서 밖으로'(inside-out)입니다.

예수님은 무엇이라고 말씀하셨습니까? "오직 성령이 너희에게 임하시면 너희가 권능을 받고 예루살렘과 온 유대와 사마리아와 땅끝까지 이르러 내 증인이 되리라"(행 1:8). '성령 - 권능 - 증인' 순으로 말씀하셨습니다. 더구나 예루살렘으로부터 유대와 사마리아와 땅끝을 향하는, 안에서 밖으로 나가는 원심력적인 선교, 삶의 원심력적인 경영을 말씀하셨습니다. 이것을 '파문(波紋)형 목회'라고 부를 수 있습니다. 목회는 목회자 자신으로부터 시작하여 가족, 그리고 동역자, 교회 지도자, 훈련받은 리더, 교인들, 그리고 세상을 향해야 합니다. 이것이 건실한 목회입니다.

미국의 대표적인 여성 운동가이자 저널리스트인 글로리아 스타이넘(Gloria Steinem)은 《내부로부터의 혁명》에서 "나는 지금까지 외적인 변화가 진정한 변화이며, 그것이 우리가 이루어야 할 혁명이라고 생각해 왔다. 그러나 이제 나는 새로운 것을 발견했다. 외적인 변화나 혁명은 아무 가치가 없다. 다만 주인을 바꾸는 것일 뿐, 진정한 변화는 내적인 변화다. 안으로부터의 새로운 혁명을 일으켜 자기 자신이 진정 누구인가를 찾아야 한다"라고 말했습니다. 그녀의 말은 자기가 살아왔던 종전의 삶의 방식을 완전히 뒤집는 것이었습니다.

인간은 밖을 향한 외적 여행과 내면을 향한 내적 여행을 일생 동안 하게 됩니다. 외적 여행은 드러나기 때문에 더 많은 시간과 정성을 들여 하는 반면에, 더 중요한 내적 여행은 소홀히 합니다. 그러나 내적 여행의 깊이가 없는 사역은 곧 고갈됩니다. 그러다가 내면세계와 외면세계가 분열됩니다. 내면세계가 부실한 목회자는 외부세계의 무게를 감당하지 못하는 경우에 도달합니다. 그래서 갑자기 정신적으로, 영적으로 붕괴합니다. 이것이 '싱크홀 신드롬'(sinkhole syndrome)입니다.

헨리 나우웬은 "재물과 인기와 권력은 정말 대단한 유혹일 수 있으나, 실은 자기 거부라는 훨씬 큰 유혹의 일부다"라고 말했습니다. 우리는 자신이 무가치하고 사랑받지 못하는 존재라는 음성을 받아들이며, 성공과 인기와 권력은 우리를 가치 있는 존재, 사랑받는 존재로 만들어 줄 매력 있는 것이라고 믿습니다. 이런 잘못된 생각은 영적 삶의 최대 적입니다.

우리의 삶은 외부로부터 인정을 받음으로써 지탱되기보다는 하나님의 임재 안에서 내면으로부터 그 의미와 평정을 찾아야 합니다. 우리는 예수님처럼 "너는 내 사랑하는 자요, 내 기뻐하는 자라"라는 하나님의 음성을 들어야 합니다. 하나님은 우리를 있는 모습 그대로 사랑하시고 기뻐하십니다.

목회자들이 가지고 있는 최대의 딜레마는 큰 교회를 세우는 일, 좀 더 깊은 영향을 미칠 방도를 찾는 일로 분주하다는 것입니다. 많은 목회자가 성공 강박증에 빠져 너무나 바쁘게 움직입니다. 자신의 일과 업적을 통해 자신이 사랑받는 존재라는 것을 입증하고 싶은 것입니다. 그러나 하나님은 우리가 이룬 외적인 업적 때문이 아니라, 우리 자체를 기뻐하시고 사랑하십니다.

파커 팔머(Parker Palmer)는 "인간에게는 자신이 아닌 누군가의 삶을 살고 싶어 하는 성향이 있지만 스스로의 삶을 사는 게 말할 수 없을 만큼 중요하다"라고 했습니다. 하나님은 우리에게 "너는 왜 모세가 되지 않았느냐?"라고 묻지 않으십니다. 나는 나 자신이 되는 것이 중요합니다.

기독교적 가치관

기독교 가치 체계를 삼중으로 나누어 설명할 수 있습니다. 인간이라면 누구나 추구하는 기본적이고 도구적이고 구체적인 가치가 있습니다. 그것은 주로 권력, 명예, 돈 같은 것으로, '가짐'의 가치라고 할 수 있습니다.

그런데 이 '구체적 가치'는 많은 사람이 추구하는 데 반해서 희소성을 띠고 있습니다. 구체적 가치는 희소 가치이기 때문에 서로 더 많은 것을 차지하기 위해 경쟁합니다. 만일 이것이 가치의 전부라면 이 세상은 서로에 대한 투쟁을 계속하게 되어 '만인의 만인에 대한 투쟁'이 될 것입니다. 세속적 세계관은 구체적 가치에 너무 집착되어 있습니다. 경쟁이 심화되어 제로섬 게임으로 피바다를 이룹니다.

그러나 기독교적 세계관은 상위에 있는 '궁극적 가치'를 제시합니다. "그런즉 너희는 먼저 그의 나라와 그의 의를 구하라 그리하면 이 모든 것을 너희에게 더하시리라"(마 6:33).

기독교의 변화 체험을 다른 말로 표현한다면 새로운 가치 체계를 받아들이는 것으로, 세계관의 변화입니다. 변화의 핵심은 가치 이동입니다. 낮은 가치를 포기하고 높은 가치를 선택하는 가치의 이동입니다. 구체적 가치에서 궁극적 가치로 가는 것입니다. 궁극적 가치는 주로 구원, 평화, 사랑, 생명, 자유, 행복과 같은 것으로, 무한성을 특징으로 합니다. 이것은 누가 독점할 수 있는 것이 아니라, 나눌수록 커지는 것입니다. 이것이 섬김, 나눔, 돌봄의 가치입니다.

구체적 가치는 궁극적 가치를 지향해야 합니다. 구체적 가치는 더 높은 가치의 수단이지, 목적이 아닙니다. 만일 구체적 가치인 권력이 또 다른 구체적 가치인 돈이나 명예를 효과적으로 얻기 위해 쓰인다면 그것은 가치의 타락입니다.

성경의 세계관은 하나님 나라의 궁극적 가치를 구하면 구체적인 것은 하나님이 더해 주신다는 것입니다. 궁극적 가치가 우리가 힘써서 구해야 할 '으뜸' 가치이고, 구체적 가치는 더불어 따라오는 '따름' 가치입니다.

성경도 먹고 마시고 입는 구체적인 것의 가치를 인정합니다. 그러나 무엇이 '먼저'인가를 분명히 제시합니다. 이것은 양자택일의 문제가 아니라, 우선순위의 문제입니다. 궁극적 가치를 지향해야 합니다.

그러면 우리는 어떻게 구체적 가치가 궁극적 가치를 지향하고 있는지 알 수 있을까요? 여기에 길잡이 역할을 하는 것이 바로 '근사치적 가치'입니다. 궁극적인 것이 너무 이상적으로 보이는 현실에서, 구체적인 것을 궁극적 가치에 봉사하도록 인도하는 것이 바로 근사치적 가치입니다. 이것을 '근사치적 접근'(approximate approach), 또는 '중간 공리'(middle axiom)라고도 합니다. 이것이 라인홀드 니버가 제안하는 '기독교 현실주의'(Christian Realism)입니다.

근사치적 가치의 대표적인 것은 정의입니다. 근사치적 가치인 정의가 구체적 가치인 권력이 궁극적 가치인 사랑을 위하여 사용되도록 현실적인 가이드라인을 제시합니다. 사랑과 힘 사이에 정의가 위치합니다. 근사치적 가치는 '됨'의 가치와 연관되어 있는 것으로, 개인의 덕성인 용기, 지혜, 관용, 정직 같은 것입니다.

이렇게 삼중의 가치 체계는 서로 연관이 되어 있습니다. 힘이 없는 사랑은 무기력한 것이며, 정의 없는 힘도 무분별한 것이됩니다. 그러므로 이 삼중 가치 체계는 기독교적 세계관에서 중요합니다. 이것을 도표로 보면 다음과 같습니다.

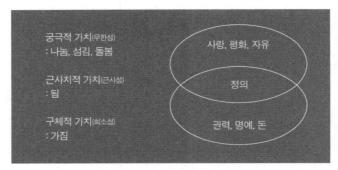

궁극적 가치(무한성) : 나눔, 섬김, 돌봄	사랑, 평화, 자유
근사치적 가치(근사성) : 됨	정의
구체적 가치(희소성) : 가짐	권력, 명예, 돈

〈기독교 가치 체계〉

요약하면, 기독교적 세계관이란 우리가 권력, 명예, 돈 같은 가짐의 가치에 머물지 않고, 성품, 정의라는 됨의 가치를 추구하고, 더 나아가 사랑, 평화, 자유 같은 나눔과 섬김과 돌봄의 가치로 나가는 것입니다.

목회자가 된다는 것은 바로 '됨'의 자리에 위치하는 것입니다. 이 목회자 '됨'이 구원과 사랑과 자유의 궁극적 가치를 추구하는 자리가 되어야 합니다. 권력과 명예와 돈을 추구하게 되면 타락하는 것입니다. 이 '됨' 안에서는 도덕적 행위자 개인의 존재 윤리와 다른 사람과의 관계성에서의 돌봄의 윤리인 협동, 상생, 치유, 공동체 책임, 의사소통 같은 것이 조화를 이루어야 합니다. 기업에서처럼 목회에서도 '블루오션 전략'이란 경쟁을 넘어 가치 혁신으로, 글로벌 네트워크를 통해 사역의 터를 넓혀 나가는 것입니다.

윤리 목회

미국, 일본, 유럽, 남미의 최고 경영자 1,500명에게 "21세기형 최고 경영자에게 가장 필요하다고 생각되는 자질이 무엇인가?"라고 물었는데, 88%의 사람들이 "도덕성"이라고 답변했습니다. [10]

지도자에게 요구되는 자질은 정직성과 윤리성입니다. 폴 케네디(Paul Kennedy)는 《강대국의 흥망》(한국경제신문사, 1997)에서 "21세기 기업가나 정치가는 성직자에 준하는 고도의 도덕성을 가진 사람이 아니면 안 되며, 경영자의 도덕성이 기업의 성패를 좌우한다"라고 말했습니다. 이제 기업에서 윤리 경영은 선택 사항이 아닌 필수 사항으로, 윤리 경영을 하는 회사들의 수익성이 그렇지 않은 회사보다 훨씬 높은 것으로 나타나고 있습니다.

이제 윤리가 경쟁력입니다. 우리는 윤리적 가치를 존중하는 목회를 해야 합니다. 투명한 목회, 사회적 책임을 다하는 섬김의 목회를 해야 합니다.

도덕성이 결여된 지식, 도덕성이 결여된 감성, 도덕성이 결여된 영성은 인간에게 무의미하며, 도덕성이 결여된 사회는 삭막하고 무서운 공간이 될 것입니다. '도덕 지수'란 넓은 마음으로 다른 사람을 올바르고 정직하게 이해하며 배려할 줄 아는 사람으로 성장하는 능력입니다. 도덕 지수가 높은 사람은 이타적인 마음을 가지고 세상을 바라보며 남을 배려할 줄 압니다. 그리고 이타적인 삶은 장기적인 안목에서 보면 자신의 이익을 위하는 삶도 됩니다. 도덕성을 갖춘 마음과 말과 행동은 우리가 성공적인 삶을 영위할 수 있도록 도와줍니다.

메신저가 메시지입니다. 무엇을 말하느냐가 아니라, 누가 말하느냐에 따라 차이가 생깁니다. 설교란 설교자를 만들어 내고 그 설교자를 전달하는 기술입니다. 빌라도는 "진리가 무엇이냐?"라고 물었지만, "진리는 누구인가?"라고 물었어야 했습니다. 진리는 인식론적 개념이 아니라 존재론적입니다. 예수님은 "내가 곧 진리다"라고 말씀하셨습니다(요 14:6).

진리는 인격적인 것입니다. 앎이 삶에 담길 때 진리가 됩니다. 예수님의 성육신이 바로 그것입니다. 우리에게도 말씀의 육화(embodiment)가 일어나야 합니다. 우리가 전하는 것이 진리가 되려면 앎을 삶에 담아 주어야 합니다. 이제 사람들은 우리의 말이 아니라, 우리의 행동에 주목하고 있습니다. 신행일치(信行一致)의 삶을 살아야 합니다.

교회 안에서 일어나는 영적 학대가 심각합니다. 모든 힘은 남용될 위험성을 지니고 있습니다. 우리는 그동안 권력 남용, 공권력 남용, 성적 학대, 아동 학대 같은 많은 사회 문제를 보아 왔습니다. 영적 힘도 위험하기는 마찬가지입니다. 목회자는 어떤 의미에서 영적 힘을 부여받은 공적 위치에 있습니다. 목회자에게는 하나님과 교회가 위임한 영적 권위가 있습니다. 그런데 그 힘을 잘못 사용하면 영적 학대가 됩니다.

목회자의 영적 학대는 마음과 영혼에 큰 상처를 남깁니다. 영적 학대의 심각한 피해들을 우리는 이단들에게서 많이 목격했습니다. 이런 영적 학대는 정통적인 교회 안에서도 일어날 수 있습니다. 권위적인 목회자는 신자들을 죄책감과 두려움으로 위협하고, 신자들의 일상생활이나 가정생활에 대해서까지 통제를 강화합니다. 신자들을 조작하고 통제하기 위해 일정한 규칙을 강요하는 율법주의, 자신의 주관적인 체험을 절대화하며 강요하는 광신주의, 자신의 교회나 목회자에 대한 충성만을 강조하며 다른 교회나 목회자를 판단하고 자신만 진리를 가지고 있다고 가르치는 영적 엘리트주의 같은 것들입니다.[11]

그들은 영적인 독재자가 되어 경고를 남발하며, 질문을 하지 못하게 하고, 징계와 출교를 일삼고, 집단을 떠난 자들에게 배신자라는 낙인을 찍습니다. 생물학적인 가정보다 영적 가족이 우선한다면서 가족의 유대를 단절시키거나, 공동생활을 강요하고, 재산을 갈취합니다.

목회자가 이러한 잘못에 빠지지 않으려면 다른 사람을 통제하려는 권력의 유혹, 도움을 구하러 오는 사람들을 조작하려는 유혹, 환영하고 떠받드는 사람들에게 군림하려는 교만의 유혹을 잘 알고 있어야 합니다. 하나님의 말씀을 자의적으로 해석하고 자기도취의 수단으로 활용함으로 "하나님의 말씀을 망령되이 사용함"(렘 23:36)의 위험성도 알아야 합니다.

"너는 네 하나님 여호와의 이름을 망령되게 부르지 말라"(출 20:7)라는 말씀은 영적 남용에 대한 경계입니다. 하나님의 이름을 경우에 합당하게 사용하라는 뜻입니다. 성경을 악용하고, 신자들은 재정적으로 착취하고 성적으로 학대하는 모든 형태의 영적 남용은 사라져야 합니다.

과학 기술이 엄청난 속도로 발전하는 현대에는 생태, 의료, 기술에서 '할 수 있지만 하지 않는' 윤리가 필요합니다. 인간 복제, 줄기세포, 유전자 조작 같은 것은 인간의 존엄성을 침해하는 요소들이 많아서 기술적으로 가능하다고 하더라도 연구조차 허용할 수는 없는 경우가 많습니다. 연구자 스스로 규제하고 한계를 긋는 노력이 필요합니다.

목회에서도 '할 수 있지만 하지 않겠다'는 윤리관이 필요합니다. 목회를 해 보면, 담임 목사로서 주어지는 권한이 많습니다. 마땅히 누릴 수 있는 것들도 많습니다. 그러나 그러한 권한을 그리스도와 복음을 위해서 자발적으로 내려놓는 결단이 있어야 합니다.

예수님이 광야에서 받으신 3가지 시험은 당시 3가지 사회적으로 중시하던 것들을 반영하고 있습니다. 헬라적 시험으로 물질에 관한 것, 로마적 시험으로 권력에 관한 것, 유대적 시험으로 종교에 관한 것입니다.

이 모든 시험은 예수님이 하나님의 아들이시라는 것을 알고 한 시험입니다. 사탄이 예수님의 능력을 알고 한 시험입니다.

'돌을 떡으로 만드는' 시험은 우리에게는 시험거리도 되지 않습니다. 우리는 죽었다 깨어나도 돌을 떡으로 만들 수가 없기 때문입니다. 그러나 이것이 예수님께 유혹이 되는 까닭은 예수님은 그렇게 할 수 있는 능력을 가지고 계시기 때문입니다.

그럼 이 시험의 요체는 무엇일까요? 하나님이 주신 능력을 자신의 목적을 위해 사용하라는 것입니다. 하나님이 주신 능력을 사유화하라는 것입니다. 물질과 권세와 명예를 얻기 위해 하나님이 주신 은사들을 사적으로 사용하라는 것입니다. 그러나 예수님은 그렇게 하지 않으셨습니다. 예수님은 '할 수 있지만 하지 않는' 절제와 겸손을 소유하셨습니다.

다른 경우에는 '하지 않아도 되지만 하는' 헌신도 있었습니다. 예수님은 고통의 잔을 피할 수 있었지만 "나의 원대로 마시옵고 아버지의 원대로 하옵소서"라고 기도하셨습니다. 그러므로 하나님의 뜻을 따르는 도덕적 분별력이 필요합니다.

우리도 이런 유혹을 종종 받습니다. 이런 유혹을 이기기 위해서는 '할 수 있지만 하지 않겠다'는 결단이 필요합니다. 윤리는 이러한 자율성에 기초합니다. 이것이 성숙한 윤리 의식입니다. 자기의 권한을 기꺼이 내려놓는 것입니다. 자기에게 주어진 권한을 다 쓰지 않고 내려놓는 것은 때로는 어렵습니다. 그러나 "내게 있는 권한을 다 쓰지 않겠다"라는 선언이 필요합니다. 바울은 "모든 것이 내게 가하나 다 유익한 것이 아니요"(고전 6:12)라고 말했습니다. 그러면서 "우리가 이 권리를 쓰지 아니하고 범사에 참는 것은 그리스도의 복음에 아무 장애가 없게 하려 함이로다"(고전 9:12)라고 했습니다.

우리는 지금 권위의 붕괴 시대에 살고 있습니다. 물론 건강한 권위는 필요하지만, 권위는 주장한다고 주어지는 것이 아닙니다. 교회에서 영적 권위는 자리(position)에서 나오는 것이 아닙니다. 이 역시 주장한다고 주어지는 것이 아니라, 사람들의 자발적인 인정에 의해 부여됩니다. 가식적이고 형식적인 권리를 포기할 때, 도리어 영적 권위가 생깁니다.

모든 분야에 있어서 '할 수 있지만 하지 않는' 윤리가 더욱 필요한 시대입니다. '할 수만 있으면 다 하는 것'은 욕심입니다. '할 수 없는 것을 하려고 하는 것'은 교만입니다. '해서는 안 되는 것을 하는 것'은 범죄입니다. '해야 하는 것을 하지 않는 것'은 태만입니다. '할 수 있지만 하지 않는 것'은 성숙한 윤리입니다.

성품 목회

"성품은 운명이다"라는 말이 있습니다. 우리는 운명대로 사는 것이 아니라 성품대로 삽니다. 운명을 바꾸려면 성품을 바꾸어야 합니다. 나는 성품 지향적인가요, 아니면 성취 지향적인가요? 학위와 지식이 지위를 가져다줄지 모르지만, 그 지위를 유지시키는 것은 성품입니다. 성품이 말보다 더 크게 말합니다. 좋은 장례식에서는 성품 이야기가 들립니다. 한 인간의 위대함은 그의 성품에 의해 결정됩니다. 우리의 진정한 유산은 성취나 재물이 아니라 성품입니다.

목회는 성품이 중요시되는 영역입니다. 우리는 기술적 솜씨가 아니라, 삶으로 인도하고 가르치도록 부름을 받았습니다. 아리스토텔레스는 수사학에서 사람을 설득하는 데 가장 중요한 것은 연설자의 인품이라고 했는데, 설교는 더욱 그러합니다.

예수님의 산상설교의 핵심 구절은 "좋은 나무마다 아름다운 열매를 맺고 못된 나무가 나쁜 열매를 맺나니"(마 7:17)입니다. 좋은 열매를 맺으려면 좋은 나무가 되라는 말씀입니다. 좋은 성품에서 좋은 행위가 나옵니다. 산상설교는 결국 '좋은 성품을 가지는 것'에 대한 교훈입니다.

팔복은 성품의 복, 다시 말해 존재의 복입니다. 구약에서는 소유의 복을 말했다면, 예수님은 존재의 복을 말씀하십니다. 성품은 하나님의 복을 담는 그릇입니다. 성품은 영적 친밀감과 정서적 활력을 줍니다. 행위는 성공을 낳지만, 존재는 열매를 맺습니다.

성령의 9가지 열매는 성령이 우리 안에서 이루시는 성품입니다. 이러한 성품을 추구하려면 성령께 의탁하고 의존해야 합니다. 범사에 성령의 감동과 인도하심을 따라 행해야 합니다. 성품은 우리가 만드는 것이 아니라, 우리를 통해 맺히는 예수님의 성품입니다. 그리스도의 완전에 이르는 성품이 우리 신앙생활이나 목회의 목적입니다. 결국 우리는 성품으로 목회합니다. 그러므로 아름다운 성품을 구비하도록 노력해야 합니다.

감동 목회

"사람은 감동을 먹고 삽니다." 인간관계 안에서 자동적으로 상대방에 대한 '감정 은행 계좌'(emotional account)가 개설됩니다. 평소의 관계를 통하여 예입과 인출이 발생합니다. 감정 은행 잔고가 많으면 신뢰의 정도가 높고, 의사소통이 원활하고 즉각적이

고 효과적입니다. 잔고가 적으면 신뢰성이 떨어지고, 관계의 질
이 악화됩니다.

예입 수단은 이해심, 친절, 약속 이행, 관심, 언행일치, 신의,
진지한 사과, 진실, 성실 같은 것입니다. 인출은 실망, 반복되는
사과, 불성실, 약속 위반, 거짓말을 하는 경우에 발생합니다. 평
소에 예입을 많이 해야 신뢰도가 높아집니다. 신뢰도가 높아야
마음을 움직일 수 있습니다.

신자들의 감정 은행 계좌에 잔고가 많아야 마음을 움직이는
리더십을 발휘할 수 있고, 설교가 진정성 있게 다가갑니다. 다
니엘 골먼(Daniel Goleman)은 《감성의 리더십》(청림출판, 2003)에서 "마
음으로부터 우러나는 건전한 영향력을 발휘하지 못하는 리더
는 관리자일 뿐이지 진정한 리더는 아니다"라고 말했습니다. [12]

태초에 하나님은 이야기를 좋아해서 사람을 만드셨다는 말
이 있습니다. 인간은 이야기를 말하는 존재입니다. 우리는 이야
기 문화 속에 살고 있습니다. 현대에는 연속극, 영화, 책, 뉴스,
스포츠, 음악, 게임 같은 이야기 산업이 뜹니다. 이 모든 것에서
이야기가 큰 자산이 됩니다. 광고, 제품, 기업, 사람, 모두가 이
야기로 포장을 해야 설득이 되는 시대입니다. 어떻게 보면 기

업은 제품을 파는 것이 아니라 이야기를 팔고, 소비자는 제품을 사는 것이 아니라 이야기를 삽니다.

성경 저자들은 원래 이야기꾼들이었습니다. 성경은 기록되기 전에 이야기 형태로 구전되었습니다. 이야기꾼이 하는 일은 자신의 상상의 창을 통해 사물을 좀 더 정확히 보는 것입니다. 동시에 다른 사람들을 돕고, 깨우치고, 감동을 주고, 즐겁게 합니다.

이야기 설교는 동의보다는 감동 창출, 이론보다는 사건 일으키기, 사실 전달보다는 진리 깨우치기, 인용보다는 적용에 강조점이 있습니다. 이야기는 현장감과 상상력을 키워 주며 이미지를 남깁니다. 이미지와 이야기로 전달하는 기술은 포스트모던 문화 리더십의 가장 훌륭한 도구입니다. 이야기 설교는 말하는 자와 듣는 자가 함께 참여하는 쌍방 통행식입니다.

이야기 설교는 귀납적이어서 구체적인 것에서 보편적인 것으로 이동합니다. 성경의 이야기와 나의 이야기의 접촉점을 만들어 청중을 사건 속으로 초대합니다. 이야기는 새로운 패러다임을 가져다줍니다. 이전에 보지 못하던 것을 보게 해 주고, 새로운 세계를 열어 주기도 합니다. 이것은 이야기가 가지고 있는 거울과 창의 이미지입니다. 이야기를 기억함으로 전통을 계승하고, 이야기로 현실을 변혁시키고, 이야기로 새로운 창조적 비전을 상상하게 됩니다.

교회는 공동의 기억과 공동의 소망의 이야기를 가지고 있습니다. 이야기는 경험을 매개할 수 있는 가장 근원적인 자료입니다. 우리는 경험에서 이야기로, 이야기에서 상징으로, 상징에서 이론으로 갑니다. 신앙의 상징적인 의식이나 신학적인 이론은 경험에 근거하고 있지만, 그것을 전해 주기에는 아직 멉니다. 이야기가 경험에 가장 가깝습니다.

우리는 이야기 형태로 된 1차 자료보다는 설명 형태나 교리 형태로 된 2차 자료에 더 많이 의존하여 말합니다. 그렇기 때문에 생생한 경험을 전해 주기에는 역부족입니다. 우리에게는 경험을 이야기로 풀어내는 능력이 필요합니다. 우리는 이야기를 풀어냄으로써 경험을 조직화합니다. [13]

사람들은 감동을 추구합니다. 감동을 받아야 움직입니다. 지금은 감성 시대입니다. 이야기는 마음을 움직여 행동하도록 촉구합니다. 우리는 규범을 따라 행하기보다는 이야기를 모방하여 행합니다. 이야기는 명령으로 되지 않는 우리를 움직이는 힘이 있습니다. 이야기는 비권위적입니다.

설교를 이야기식으로 해야 합니다. 권위적이지 않으면서 사람들을 설득하고 비전을 제시하는 데에는 이야기만큼 좋은 수단이 없습니다. 이야기 설교는 예화 설교나 단순히 이야기를 나열하는 것이 아닙니다. 이야기식 구성이 관건입니다. 말하자면, 기승전결의 구성이 이야기식이어야 합니다. 문제 제기, 분석, 자기경험, 모호함 가중, 복선, 속도감, 긴장 유발, 클라이맥스, 카타르시스 같은 요소가 있어야 합니다. 디지털 문화에서 스토리텔링은 오디오, 비디오, 유튜브, 텔레비전, 영화, 멀티미디어, 시디롬, 연극, 스킷 드라마, 음악, 미술 등을 효과적으로 활용합니다.

안식 목회

목회도 하나님의 리듬에 맞추어 사역하는 것이 중요합니다. 창세기 초두에는 하나님의 세계 창조와 더불어 '안식'이 나옵니다. 이는 안식이 창조를 위해 필수적이기 때문입니다. 더구나 이것이 하나님이 일하시는 방식입니다. 하나님의 창조 원리가 십계명에서 안식일로 제도화되어 있습니다. 하나님의 형상대로 지음 받은 인간은 하나님이 어떻게 일하시고, 어떻게 쉬시는가를 본받아 살아야 합니다.

안식일 계명은 하나님이 먼저 본을 보이시고 인간에게 요구하신 유일한 계명입니다. 하나님은 안식일에 쉬시면서 축복하셨고, 그날을 거룩하게 하셨습니다. 안식일 준수의 바른 정신은 휴식(休)과 복(福), 그리고 성(聖), 이 3가지의 조화입니다. 휴, 복, 성, 이 3가지를 갖추어야 온전한 안식입니다.

안식일 계명은 시내산에서 단번에 주어진 계명이라기보다는 광야 유랑 생활에서 구체적으로 구성되고 발달된 계명입니다. 옛 주인을 떠나 새로운 주인을 모시게 된 이스라엘은 과거 노예의 삶과는 확실히 구분되는 새로운 생활을 하게 되었습니다. 출애굽이 외적 자유의 상징이라면, 안식일은 내적 자유의 상징입니다. 안식일 제도는 광야에서 만나와 메추라기 사건으로 시행(試行)하여 효과가 입증된 것입니다.

광야의 이야기에는 '하나님이 모든 피조물의 필요를 채우신다'는 축복의 언약이 담겨 있습니다. 안식하지 못하는 것은 하나님의 축복을 믿지 못하는 불신앙의 행위이며, 과거 노예의 삶으로 되돌아가는 어리석은 옛 습관입니다.

하나님이 주신 자유는 비단 이스라엘 사람뿐 아니라 종이나 나그네, 가축, 들짐승, 토지까지 확대하여 함께 누리게 하는 우주적인 축복입니다. 안식은 종과 짐승까지도 노동으로부터 휴식을 가지게 하는 공동체를 위한 사회 윤리이면서 생태 윤리까지도 포함합니다. 또한 안식일은 이웃을 향한 공간적인 확장에 그치지 않고, 시간적으로도 확대되어 안식년, 희년으로 정착되었습니다. 새로운 도덕 공동체의 질서와 자유를 실제 시간과 공간에서 경험하는 것입니다.

그리스도인의 소명은 공간을 정복하고, 시간을 성화하는 데 있습니다. 기독교는 시간의 성화를 목표로 하는 시간의 종교입니다. 일상의 시간을 의미 있는 시간으로, 즉 '크로노스'를 '카이로스'로 바꾸는 것입니다. 안식일에 시간과 영원이 만납니다. 안식일을 지키는 것은 시간 낭비가 아니라, 시간의 구속(救贖)입니다.

안식은 일에 대한 사상도 담고 있습니다. 일은 신성한 것입니다. 하나님도 일하셨기 때문에 모든 사람은 일을 해야 합니다. 그러나 일이 하나님의 선물이 되기 위해서는 쉼이 필요합니다. 안식은 일에 대한 긍정적 사상뿐 아니라 쉼에 대한 긍정적 사상까지 제공해 줍니다. 하나님이 주신 일에는 책임과 자유가 따릅니다. 일이 탐욕이나 자만, 착취의 도구가 되어서는 안 됩니다.

인간이 일에 지배를 당하면 이것도 일종의 우상 숭배입니다. 인간은 기계가 아닙니다. 사람이 안식일을 지키는 것이 아니라, 안식일이 사람을 지킵니다. 사람이 안식일의 주인입니다. 안식은 하나님의 선물입니다. 일이 안식일을 귀하게 만들고, 안식일 준수가 일을 거룩하게 만듭니다.

하나님께는 안식일이 창조의 마지막 날이지만, 제6일에 창조된 사람에게는 안식일이 첫째 날입니다. 사람은 먼저 안식하고 일을 시작합니다. 안식일은 사람의 일상적인 일들이 초월적이신 하나님께 의존되어 있음을 밝히는 것입니다. 사람의 일은 사람의 힘으로 완성되는 것이 아니라, 하나님으로부터 완성됩니다. '하나님만이 사람의 필요를 온전히 채우신다'는 약속이 안식에 담겨 있습니다. 그래서 안식의 준수는 신앙의 표현입니다. 안식은 일상에 하나님이 개입하실 여지를 남겨 드리는 것입니다.

오늘날 안식을 재발견하는 것은 '행동'보다 '존재'를 앞세우는 진정한 영성 회복을 의미합니다. 안식은 평일에 일상생활에서 벌어졌던 육체와 영혼의 간격을 좁혀 주는 것이며, 영혼이 육체를 따라잡는 시간입니다. 하나님과 우주의 리듬에 맞춰 자신의 삶의 숨 고르기를 하는 것입니다.

예수님은 베드로에게 "네가 젊어서는 스스로 띠 띠고 원하는 곳으로 다녔거니와 늙어서는 네 팔을 벌리리니 남이 네게 띠 띠우고 원하지 아니하는 곳으로 데려가리라"(요 21:18)라고 믿음의 과정을 말씀하셨습니다. 믿음의 성숙은 자기 주도적인 삶에서 주님 의존적인 삶으로 나가는 것입니다. 더 많이 맡기고, 더 많이 내려놓고, 더 많이 의탁할수록 주님의 일하심을 보게 됩니다.

목회에서 분주하고 쉬지 못하는 것은 욕심에서 비롯될 때가 많습니다. 이것도 일종의 불신앙입니다. 목회의 주권을 하나님께 돌려 드려야 합니다. 주님의 목회가 되게 해야 합니다. 안식을 하지 못하는 이유는 목회에 대한 주인 의식과 책임감 때문입니다. '내가 없으면 안 된다'는 고정 관념 때문입니다. 목회 현장을 떠나는 것에 대한 두려움과 다른 사람들을 믿지 못하는 신뢰 부족 때문입니다. 목회는 창조이면서, 동시에 열정을 필요로하는 사역입니다. 열정과 창조성이 마르지 않기 위해서는 안식이 필요합니다.

목회의 적은 영혼의 피곤함과 내적인 권태감과 사역의 분주

함입니다. 쉬지 않고 일하는 것을 성실함으로 보는 문화에서는 영적, 정신적, 신체적 탈진 현상이 불가피합니다. 엘리야가 로뎀 나무 아래서 경험했던 영적 침체와 우울증이 찾아옵니다. 이러한 사태를 미연에 방지하기 위해서라도 안식이 필요합니다.

교회 안에 목회자가 휴가도 갖기 어렵고 가정의 행복을 희생하는 것을 미덕으로 여기는 풍조가 있습니다. 여가나 휴가를 좋지 않게 보고, 행복을 헌신에 반하는 것으로 보는 것은 기독교적 문화가 아닙니다. 안식은 재창조(re-creation)를 위해 필수적입니다.

재충전하는 것은 바람직합니다. 쉬면서 연장을 날카롭게 연단해야 합니다. 하루가 다르게 변하는 세상에서 설교, 상담, 심방, 행정, 사역을 창조적으로 시도하려면 안식해야 합니다. 건강하고 성장하는 목회자가 건강하고 성장하는 교회를 만듭니다. 안식은 사역의 자리에서 떨어져 보는 경험을 통해 사역을 더 잘 볼 수 있는 안목을 얻게 합니다. 목자가 아니라 양이 되어 보는 경험도 좋은 목자가 되는 데 필요합니다. 언젠가는 목회하는 교회를 떠나게 될 것입니다. 목회자도, 교인도 이때를 평소에 준비할 필요가 있습니다. 집착을 내려놓고 내려놓는 연습을 해야 합니다.

녹색 목회

무신론적 세계관, 이원론, 극단적인 금욕주의가 생태계 위기를 초래했습니다. 목회도 인간 중심적인 물질주의적 세계관에서 창조-생태주의적 세계관으로 패러다임을 전환해야 합니다.

인간 중심에서 하나님 중심으로, 도구적 사고에서 공생적 사고로, 진보주의 사고에서 한계선 존중의 사고로, 물질주의적 가치관에서 생명적 가치관으로, 이기주의적 사고에서 공동선 존중의 사고로, 단기적 사고에서 장기적 사고로, 탐욕적 인생관에서 절제의 인생관으로, 기계론적 자연관에서 유기체적 자연관으로 전환해야 합니다.

윤리적 책임을 배제한 과학에서 윤리적 책임을 인정하는 과학으로, 인간을 지배하는 기술로부터 인간성에 기여하는 기술공학으로, 자연을 파괴하는 산업에서 자연과 공생하는 산업으로, 합리성, 정확성, 효율성 중시에서 상상력, 정감, 인간성이 조화를 이루는 것으로 가야 합니다.

예수님이 가족에 대한 개념을 확장시켜 주시고 이웃에 대한 개념을 새롭게 하신 것처럼, 이제는 죄에 대한 생각, 이웃에 대한 생각에 생태계를 포함할 필요가 있습니다. 생태학적 죄와 생태학적 회개를 말하고, 생태학적 덕목과 생태학적 신앙 고백도 가르쳐야 합니다.

최근까지 윤리는 목적론적 윤리, 의무론적 윤리, 그리고 책임 윤리 등으로 진행이 되었습니다. 이런 전통적인 윤리에서는 행복, 자유, 평화, 정의 같은 가치나 덕목이 강조되거나, 아니면 의무, 원칙, 명령이 중시되었고, 책임 같은 개념이 중요했습니다.

그러나 이제 우리의 상황에서는 일본 원전 사고, 세월호 참사, 군대 폭력 문제, 유전자 조작, 낙태, 자살, 기후 변화, 코로나19 같은 생존의 문제가 심각한 문제로 대두되고 있습니다. 그러므로 생명을 지향하는 윤리가 필요합니다.

이전의 기독교 윤리가 '사랑'이라는 개념을 중심으로 전개되었다면, 이제는 '생명'이라는 개념이 중요합니다. 사랑과 생명은 기독교의 본질이기도 합니다. 악(evil)은 생명(live)에 역행하는 것입니다. 사랑 없이는 생명이 있을 수 없으며, 생명이 있는 것마다 사랑하게 되어 있습니다. 이 생명은 비단 인간의 생명만을 의미하지 않습니다. 하나님이 주시는 생명은 모든 만물에 충만하게 흐릅니다. 생명은 하나님이 주신 가장 신성한 것임을 인식하는 생명 신학의 입장에 서서 생태, 의료, 기술, 현대 사회의 문제를 조명해야 합니다.

생명 윤리는 예방 윤리여야 하며, 다른 한편으로는 책임 윤리여야 합니다. 과학 기술의 진보가 너무 가속화된 상황에서 윤리적 반성의 노력이 느리면 사후 처방적인 것이 되기 쉽습니다. 그리고 윤리적 책임의 범위는 공간적으로는 생태계에까지 미치고, 시간적으로는 과거와 현재, 그리고 미래의 세대까지 포함해야 합니다.

이제 목회에서 '적색 은총'뿐 아니라 '녹색 은총'을 가르치고 생활화해야 합니다. 녹색 은총은 에덴에서 하나님이 우리에게 주신 원초적인 은총입니다. 이것을 회복해야 합니다. 교회는 유한한 자원을 절약하고, 적게 소비하고, 생태계를 보호하는 운동에서부터 '탄소 금식'이라든지 '생명존중주일' 같은 생명 운동을 일으켜야 합니다.

한국성결교회연합회 목회자 윤리 강령

I. 전문

"너희는 나에게 거룩할지어다 이는 나 여호와가 거룩하고 내가 또 너희를
나의 소유로 삼으려고 너희를 만민 중에서 구별하였음이니라"(레 20:26).
"오직 너희를 부르신 거룩한 이처럼 너희도 모든 행실에 거룩한 자가 되
라"(벧전 1:15).

성결교회는 수많은 난제로 도전받고 급변하는 21세기 한국 사회에 영
원히 변치 않는 성경 말씀에 근거한 성결을 기초로 교회와 성도를 아무 흠
없이 거룩하고 온전한 삶을 살도록 지도하고 인도할 사명을 가지고 있다.
성결교회는 성결 윤리를 추구한다. 성결 윤리는 교회 안팎을 묶는 통전
적 윤리이다. 곧, 내적 성결과 외적 성결을 통합하는 윤리이다. 성결 윤리
는 그리스도인의 온전함을 추구하는 윤리로 내·외적 거룩한 행동을 일치
시키는 목표를 가진다. 성결 윤리는 개인의 거룩한 성품을 추구하는 개인
윤리에 머물지 않고, 공동체의 거룩한 교제 속에 사랑을 행하는 교회 윤
리, 더 나아가 사회와 세계와 생태계 전체를 향한 사회적 책임을 수행하는
사회 윤리를 포함한다.

성결교회 목회자는 하나님의 부르심에 합당한 자로서 모든 행실에 거
룩하도록 힘써야 한다. 성결한 삶을 위해 먼저 성결에 기초한 마음과 자
세를 갖고 교회와 성도의 본을 보이며 살아야 한다. 그다음 선한 양심과
거짓 없는 믿음에서 나온 사랑의 정신을 가지고 교회 공동체를 진실하게
섬겨야 한다. 더 나아가 세상 속에서 소금과 빛의 역할을 하여 세상을 정
화하는 노력과 함께 복음으로 세상을 밝고 아름답게 만드는 선교적 사명

을 구현해야 한다. 성결교회 목회자는 하나님으로부터 부여받은 한국성
결교회연합회 회원으로서 삶의 모범이 되시며 동시에 선한 목자가 되신
예수 그리스도를 본받아 성령의 도우심을 힘입어 살기 위해 다음 36개 항
에 걸친 윤리 강령을 준행한다.

II. 지침

1. 개인 윤리

신학적 진술

성결교회 목회자는 참 그리스도인으로 중생과 성결의 은혜를 분명하게
체험한 자이며, 그 은혜로써 하나님과 이웃을 사랑하는 성결의 삶을 살
아갈 수 있다. 내적 성결이 교회와 사회 변화의 기초가 되기에, 성결교
회 목회자는 각 개인의 성결의 삶을 추구하며 성도들의 모범이 되어야
한다. 성결이 목회자의 소명과 삶 그리고 창조 질서인 가정 속에서 실
제로 구현될 수 있도록 윤리적 행동을 실천한다.

윤리 강령

▷ 소명에 대하여
   1) 나는 성결교회의 목회자로서 긍지를 가지고 성결의 삶을 살면
     서 성결의 복음을 전한다.

2) 나는 하나님과 성도들을 중재하는 제사장이 아니라 말씀을 선포하고 성례를 집행하며 성도들을 돌보는 청지기임을 명심한다.

▷ 생활에 대하여

3) 나는 개인의 이익, 권력, 세속적 명예를 추구하지 않으며 모든 일에 청렴하고 정직하게 행한다.

4) 나는 공적 혹은 사적 자리에서 욕설이나 천박하고 폭력적인 언행을 일절 하지 않는다.

5) 나는 영적, 신체적 건강을 유지하기 위해 주기적으로 적절한 쉼을 갖되 세속적이거나 과도한 여가 활동을 삼간다.

6) 나는 지속적으로 성경과 신학을 연구하며 독서 및 다양한 학습을 통해 목회자로서의 전문성을 개발한다.

7) 나는 다른 이의 설교나 글을 표절하지 않으며, 서류 위조 및 변조를 하지 않는다.

8) 나는 거짓말이나 위증을 하지 않으며, 각종 문화 콘텐츠를 불법적으로 사용하지 않는다.

▷ 가정에 대하여

9) 나는 가족에게 언행으로 폭력을 행하지 않으며, 목회 사역을 위해 과도한 희생을 요구하지 않는다.

10) 나는 배우자 외에 다른 이성과의 부적절한 관계와 만남을 일절 갖지 않는다.

11) 나는 배우자를 인생의 동반자로서 사랑하며 사역의 동역자로서

인정하고 협력한다.

12) 나는 자녀가 하나님의 자녀로서 주체적으로 살아가도록 삶의
모범을 보이며 가르치고 격려한다.

2. 교회 윤리

신학적 진술

성결교회 목회자는 성결에 기초하여 윤리적 행동 기준에 합당한 목회
사역을 감당해야 한다. 성경 말씀과 성결 복음 위에서 성도들과 관계, 교
회 내 사역자들, 소속 교단과 지역 목회자들과의 관계를 정립하여 교회
공동체를 비롯한 교회 간 관계들이 바르게 세워지도록, 더 나아가 지역
사회와 세상 속에 성결교회가 건강하게 서 가도록 교회 윤리적 행동을
실천한다.

윤리 강령

▷ 성도에 대하여

1) 나는 목회자라는 특권 의식을 지양하고 성도들을 목회의 중요
한 동역자로 인식하고 존중한다.

2) 나는 교회의 정책과 행정에 있어서 독단적으로 처리하지 않으
며, 교회법에 따라 투명한 절차와 과정을 거쳐 결정한다.

3) 나는 교회 안에서 지역이나 학벌, 성이나 빈부, 사회적 신분 등
에 대해 어떠한 차별도 하지 않는다.

4) 나는 이성을 대할 때 독대하지 않고 일체의 신체 접촉을 삼가며, 불쾌감과 성적 수치심을 느낄 수 있는 말과 행동을 하지 않는다.
5) 나는 상담이나 심방을 통해 알게 된 성도들의 개인 정보를 타인에게 유출하지 않으며, 사례를 일절 요구하지 않는다.
6) 나는 사적인 일로 교회 사역을 소홀히 하지 않으며, 교회의 인적 자원과 재정을 사용하지 않는다.

▷ 목회자에 대하여
7) 나는 한 교회를 섬기는 다른 사역자들을 동등한 인격체로 존중하며, 서로의 은사 계발과 성장을 위해 협력한다.
8) 나는 전임자와 후임자, 다른 사역자들의 업무에 허락 없이 관여하지 않으며, 그들의 행동이나 사상을 함부로 음해하거나 비방하지 않는다.
9) 나는 교회와 교단의 선거에 적극적으로 참여하며, 금권 선거, 부정 선거 등 불법적 행위를 감시하며 배격한다.

▷ 타 교회에 대하여
10) 나는 상회 모임에 성실하게 참여하며, 개교회의 유불리를 따져 상위 기관에 허위 보고를 하지 않는다.
11) 나는 공교회 의식을 가지고 불의한 교회 매매와 성직 매매를 하지 않으며, 금품이 오가는 목회자 이동과 직·간접적 교회 세습을 하지 않는다.
12) 나는 성결교회의 법과 질서를 준수하되, 개교회주의와 교파주

의를 넘어 지역 복음화와 교회 연합에 협력을 다한다.

3. 사회 윤리

신학적 진술

성결교회 목회자는 사회와 세계, 자연과 지구 전체까지 관계를 고려하여 행동하는 사회 윤리의 주체이다. 오늘날 현대 사회에서 야기되는 다양한 사회 문제, 즉 정치, 경제, 사회, 문화, 자연 생태계에 직면하여 진지한 윤리 의식을 갖고 그에 걸맞게 행동하여 사회적 책임을 수행해야한다. 성결교회 목회자는 다음과 같이 사회 윤리적 행동을 실천한다.

윤리 강령

▷ 사회에 대하여
   1) 나는 하나님 나라가 이 땅 위에 구현되도록 하나님의 정의, 사랑과 평화를 이루는 선교적 사명을 다한다.
   2) 나는 사회를 섬기는 일꾼으로서 상시적 사회봉사와 함께 사회적 재난 시 구호 모금에 동참하고 재해 복구 현장에 적극적으로 참여하여 어려운 이웃을 돕는다.
   3) 나는 사회의 한 시민으로서 법과 사회 질서를 존중하고 성실하게 준수한다.

▷ 정치에 대하여

　4) 나는 정교분리 원칙에 서서 국가 권력에 의존하지 않고 교회의
　　　선교적 사명을 충실히 수행하되, 국가의 공권력이 정당하게 행
　　　해지도록 감시하며 협력한다.

　5) 나는 한반도 평화 통일의 실현을 위해 어떠한 형태이든 정치적
　　　폭력과 전쟁과 핵무장을 반대하고 여러 형태의 억압과 인권 차
　　　별과 증오에 저항하는 비폭력적 평화의 삶을 추구한다.

　6) 나는 국민의 한 사람으로 정치적 견해를 가질 수 있으나 세속적
　　　인 정당 참여, 특정 후보 지지 등과 같은 정치 활동에 관여하지
　　　않는다.

▷ 경제에 대하여

　7) 나는 동산이나 부동산 등 부적절한 재물 획득을 추구하지 않으
　　　며, 하나님이 주신 재물을 선교와 함께 이웃과 사회를 위해 선
　　　용한다.

　8) 나는 경제적 양극화로 인해 고통받는 사회적 약자들과 적극적
　　　으로 연대하며, 불공정한 경제 구조와 정책을 비판하고 개선하
　　　기 위해 노력한다.

▷ 문화에 대하여

　9) 나는 종교, 인종, 국가, 계급, 성별 등으로 인한 차별과 갈등이
　　　만연한 현실에서 피해자의 치유와 회복, 가해자의 참된 변화 그
　　　리고 상호 간 화해가 이루어지도록 노력한다.

10) 나는 자살, 살인, 낙태 등이 만연하는 죽음의 문화 속에서 생명 파괴와 생명 경시 풍조를 반대하고 생명 존중의 문화 창출을 위해 노력한다.

11) 나는 건강한 사회 문화 확산을 위해 선한 뜻을 가진 국내·외 교회와 시민 단체들과 적극 연대하고 건설적 협력을 도모한다.

▷ 자연에 대하여

12) 나는 하나님의 창조 세계가 전방위적으로 파괴되는 현실을 직시하면서 자연 생태계와 지구 생태계를 파괴하는 제반 사회 정책을 반대하며, 탄소 에너지 사용 자제 등 생태계 지킴이의 녹색 생활 양식을 지속적으로 개발하고 실천한다.

3장 신앙생활의 사사화

1) http://www.newsnnet.com/news/articleView.html?idxno=3916.

2) https://terms.naver.com/entry.naver?docId=1198780&cid=40942&categoryId=33054.

3) Emile Durkheim, *Suicide*(Macmillan Publishing co. 1951), p.159.

4장 친목 과다 신드롬

1) 웨인 코데이로, 《세상을 가슴 뛰게 할 교회》(서울: 예수전도단, 2012), pp. 124-125.

2) 유진 피터슨, 마르바 던, 《껍데기 목회자는 가라》(서울: 좋은씨앗, 2001), p. 34.

7장 무례한 기독교

1) 리처드 마우, 《무례한 기독교》(서울: IVP, 2014), p. 35.

에필로그

1) H. B. 런던, 닐 와이즈먼, 《목회자가 목회자에게》(서울: 생명의말씀사, 1997), p. 250.

2) 유진 피터슨, 《균형, 그 조용한 목회혁명》(서울: 좋은씨앗, 2002), p. 15.

3) 헨리 나우웬, 《영성의 씨앗》(서울: 그루터기하우스, 2003), p. 17.

4) 어윈 루처, 《목사가 목사에게》(서울: 진흥, 2004), p. 59.

5) 본회퍼, 《나를 따르라》(서울: 복있는사람, 2016), p. 291.

6) 한기채, 《성서 이야기 윤리》(서울: 대한기독교서회, 2003), p. 177.

7) 앨빈 토플러, 하이디 토플러, 《부의 미래》(서울: 청림출판, 2006).

8) 한기채, 《21세기 성경적 신사고: 삼중혁명의 영성》(서울: 두란노, 2009).

9) 로리 베스 존스, 《최고 경영자 예수》(서울: 한언, 1999), p. 230.

10) Korn/Ferry International and Columbia University Graduate School of Business, *Reinventing the CEO*(New York: Korn/Ferry International & Columbia University Graduate School of Business, 1989), p. 41.

11) 로널드 엔로스, 《영적 학대》(서울: 생명의말씀사, 1997).

12) 다니엘 골먼, 《감성의 리더십》(서울: 청림출판, 2003), p. 48.

13) 한기채, 《기독교 이야기 윤리》(서울: 예영, 2006) 참조.